2年目

ポンコツ一家

にしおかすみこ

Sumiko Nishioka

講談社

ポンコツ一家2年目

装丁　鈴木久美
装画・挿画　西淑

目次

当然のことながら、病気や職業や配偶者の有無でポンコツと呼ぶということでは一切ありません。

どんな状況にあっても、一生懸命生きている誰もが、ポンコツではありません。

ただ、にしおかさんにとっては家族全員がポンコツなのだといいます。

ではどういう意味でポンコツなのか――。

にしおかさん自らの筆で綴っていただいているのが本書です。

ポンコツ家族紹介

母……八十一歳、認知症と糖尿病。元看護師。

姉……四十八歳、ダウン症。平日は作業所に通う。

父……八十二歳、酔っ払い。耳が遠い。元サラリーマン。家ではパパクソorパクソ呼ばわり。

私……四十七歳、元SM女王様キャラの一発屋の女芸人。独身。行き遅れ。


二〇二〇年六月コロナ禍に千葉の実家に戻ると、ちょっとしたゴミ屋敷だった。

そこから脱し二年目。一筋縄ではいかぬ認知症。高齢に向かうダウン症のトリセツはないのか？　本領を発揮し始める酔っ払いの対処がわからない。情緒と人生が迷子の中年。ポンコツ無法地帯。

自分ファーストを掲げながらも、日々の目に見えぬため息がちょっとしたゴミのように溜まっていく。

その中から選りすぐりの愚痴をお届けしたい。お付き合い頂けると、とても嬉しい。

1　歯医者と認知症とダウン症

二〇二一年十月某日。

車の往来が激しい。奥に並行してのりしろ程度の歩道がある。そこに赤い郵便ポストがいかにも生真面目に、直立不動で立っている。その四角いボディを挟むようにして、しがない中年女性と婆さんが揉めている……そう、相変わらずの私と母。

「歯が一本もない！　油断したらこのザマだ！　あっちゅう間に全部持ってかれた！　騙された！」八十歳にしてはしっかりした歯を剝き出しで怒鳴る。ブォォンっと目の前を大型トラックが砂塵を巻き上げ通過する。騒音では老婆が勝る。

そして私も負けていない。「奥の虫歯一本抜いただけ！　先生、何回も説明してくれた！　いっぱいママのために考えてくれた！　この先も自分の歯でご飯食べられるようにしてくれたの！」

「だからそれが全部ない！　ご飯食べられない！　口ん中血だらけ！　歯が……大事なママの歯が……一瞬で……なくなったぁぁ――」

「泣くな！　ある！　歯なかったら喋れないでしょ！　フガフガするはずでしょ！」

「だはら、ひゃべれてまへん！」

「急に喋れないフリするな！」

大真面目な母に、バッグから折りたたみの手鏡を取り出し見せる。

「ほら！　見たいだけ見て！　ママの歯ある！」

「ぁぁ……辛うじて……ありまひた～」

もう……っと鏡を回収し、その手にハンドタオルをのせると「とんだお騒がせ歯医者だよ」と言いながら涙を拭き、鼻をチンっとかんだものを綺麗にたたみなおし、私のパンツのポケットにねじ込む。

そして目の前のポストの背中をポンポンと叩く……？

「……なに、それ？」

「えー……？」と自分の手を見つめながら、はにかんだ表情を見せる。「何……フフ……動揺？　歯医者なんて、あんたが子供の頃に連れて行ったくらいで、まさか自分が治療する日が来ると思わないから。お疲れさんって。緊張したよーはぁー、もう一生で一回の経験よ。二度と行かない。おしまい！　さ、帰るよ」と母が先に立って歩く。

虫歯治療だから、次もあるよ。……ポンポンと、お疲れさん、と私がすべきだったか。しそびれた母の背中を見つめる。

なんでもないことが何ひとつスムーズに進まない。わかってはいる。

例えば歯医者だ。ことの始めから聞いて欲しい。

先月のある日の朝。母が「歯が痛いから家中のバファリンよこせ！　それが嫌なら病院か！」。……断然、後者だ。だいぶ前から口臭もある。余程痛いのか。やっと行く気になったようだ。

昔から歯は丈夫で、今まで一度も歯医者にお世話になったことがないという母に、父が「僕が行っているところがいいよ。受付で僕の名前を出してくれれば問題ない。僕に差し支えはないよ」。

母が「あん？　紹介制でもあるまいし、パパクソの名前出したから何なんだ。酔っ払いの爺さんが、どこの殿様のつもりだ?」同感だ。
「え?　何て?　聞こえない……なんだと!　僕は家族で共有することが大事だろうって言っているだけだ!　もういっぺん言ってみろ!」と、聞き取った言葉に憤慨する父。繰り返そうとする母を引っ張り「ありがとう、そこに行ってみるよ」と返す。

昼間。まだまだ暑い。湿気にやる気を吸い取られながら、ダラダラとふたりでバスに乗り、そこから少し徒歩。

私はスマホの地図アプリを凝視しながら道に迷っていた。母が「仕方ないねえ。機械に頼りすぎだよ。ママ土地勘あるから。こっちが大通りだから、ほれ、ここだ、ここだ」と見知らぬ個人宅の表札を指す。

「……民家だね」「え?　あんたどこ行きたいの?」「歯医者」「先に言いなさいよ」と不毛な会話を重ねているうちに、「目的地ニ到着シマシタ。音声案内ヲ終了シマス」とスマホが割り込んでくる。「あーあ、見放されちゃった」と母。着いたんだよ。

迎えてくれるエアコンの涼しい風が天国だ。

受付で「初診なんですけど」と言ったら、後ろで母が「診察券あるよ」と財布から出す。なにか？　という純朴な顔に、歯……折ったろかと思う。母よ、そして父よ、今までどこら辺を共有してきたのだ。

長椅子に座り順番を待つ。母の隣で、赤ちゃんがギャンギャンと泣いている。抱っこしている若いお母さんが立ち上がり、あやしながら「すみません」と困り顔だ。

ウチの母が「ねぇ〜、いやでしゅよね〜、気持ちわかるよ〜、怖いでしゅ〜、全部入れ歯はいやでしゅ〜、帰りたいでしゅ〜」と聞いたことのない、高いキーの甘えた声を出す。

「それ誰の気持ち？」と思わず聞く。

「……己《おのれ》」としゃがれ声で、痰を絡ませる。赤ちゃんは泣きっぱなしだが、場はほんの少し和んだ気がした。

カルテによると二年程前に治療中の歯を残したまま、今日になったようだ。

改めてレントゲンやCTを撮る。部屋が変わる度、母が私を振り返る。口パクと小声をまじえながら「入れ歯？　健康な歯も一本残らずむしり取られる？　やだよ。助けて……すみ……おしっこ漏れそう」。拷問部屋じゃないんだよ。

「行こう、行こう」と一緒に何度めかのトイレへ。母が個室に入ると見せかけて、ふいに私の腕をグイっと引き寄せた。耳元で「このままそっと逃げよう」。汗びっしょりの鬼気迫る逃亡犯がいる。

母の目をしっかり見ながら言う。「……大丈夫。抜かない。抜くってなったら絶対止めるから、そのためのすみだよ」「絶対?」「絶対!」「じゃ、信じる」とトコトコと小股で診察室へ戻りながら……また振り返る。途方に暮れた顔。どうした?

「……そのため、ってどのため? どのためのすみ?」

うるさい、早く歩いてくれ。進まない。


結果、「あちこちの虫歯治療と、溜まった歯石を少しずつ取るのとで、状況をみながら、もしかしたら今後一本抜くかもですが、その時々でご相談、ご説明させてくださいい」となった。この日は表面の歯石を少し取った。


帰り道。たまたま母が立ち止まったところに、あのポストも立っていた。

「痛いよぉ」「え? どこ?」と母の口を覗こうとする。「バカ、そっちじゃない。痛いの指! 折れてない。でも力入らない」「え?? なんで?」

見ると右手の親指が萎《しな》びて真っ白で、反り返っている。

「口ん中好き放題ぐっちゃぐちゃにいじりやがって。歳取ったらこんな目にあうんかと思って手ギュウって握りしめてたら、もう……自分の意思で動かない。アノヤロー、痛かったら手あげてくださいって何回も言いやがって！　その手が痛いんですって言っていいんか？　こうやって親指見せつけていいんか！　ママが遠慮で言わないの知ってんだ！　偽善者が！　最悪だ！」と親指を固まったまま突き出し、高々と上げてみせる。ナイス、いいね、最高、と評価したように見えた。

それから歯医者の日は、治療帰りにポストの前で鬱憤をはらすがセットになった。

そして冒頭の歯全部抜かれたの一件があったりしながら、また十日程経ち、歯医者の日がやってきた。

玄関に姉がいる。昔、母が買ったであろう古い余所行《よそゆ》きのワンピースを着て緊張気味でスタンバイしている。

「お姉ちゃん、どこ行くの？」

「はいしゃさん」

後ろから母の声がする。「お姉ちゃんも診てもらえるように電話しといたのよ。来ていいって。ありがたいねえ。あそこはママ信用できると思ったから。お姉ちゃんも悪いとこないか、ついでに診てもらおうねー」

……え……ふたりいっぺんに？　ひとりでも手一杯なのに？

どちらか片方拒否してくれよと、親切な歯医者さんにあたりたくなる。

十月に入ったとはいえ、日中は気温が高い。

冬物生地の黄色に包まれ、ご機嫌な姉。夏物に着替えさせることに失敗し、自分は茶色の毛玉でザラザラしたような汗臭い七分袖のシャツをガンとして脱がない母。ふたりが手をつないで出発。この小山が二つ並んで歩く景色が私は好きだ。何ひとつスムーズではないが、ずっと続けと願ったりもする。

非公式のゆるキャラが二体。親子でそぼろ丼みたいのが歯医者に到着。姉はレントゲン、母は虫歯治療でそれぞれ呼ばれて行く。といっても目と鼻の先なので、私はどちらも見られる。

レントゲン室。姉の顔が両サイドの機械で挟まれる。少し怯え後ずさる。首から引き抜こうとする。焦っている。

「ちょっとだけだよ、お姉ちゃんならできるよ。ちょっとだけひとり。そこの小窓から見てるから、すみちゃんいるよ」と言ったら、

「いる？」と。「いる」「絶対？」「絶対」

姉が唾を飲み頷く。覚悟を決めたようだ。

母が「すみ！」と小声で手招きする。今ダメ、後ろ手であしらう。

「すみ！　今じゃないとダメなの」と緊迫した声を出す。振り返り母の元に行く。

「どうした？」

「ママはどうなってもいいから、お姉ちゃんについて。歯全部抜かれないよう目光らせて」こっちへ来るんじゃなかったと後悔している間に、

「終わりましたよ〜。凄い、凄い」と衛生士さんに褒めてもらいながら姉が出て来た。

私も急いで「お姉ちゃん、できた！　偉いねえ」と言ったら、裏切り者と顔が言っている。

姉の歯に差し当たって問題はなく、クリーニングのみになった。

「お口、もう少し大きく開けられますか〜」と衛生士さんが何度も姉のペースで声を

かけてくださる。

「お姉ちゃん、大きくあーん。いつもウチで歌う時の口だよ」と言ったら、ハミングの口になる。なぜ、鼻歌のほう。反抗期か。

仕切りひとつ隔てた隣の母を覗く。

顎が外れたくらい口を開け「もう少し閉じれますか？」と言われているババアがいる。お腹の上で両手を固く握りしめ、十本の指を自力で折りそうだ。

ふたりともそれぞれに「うがいしてください」と言われ、ブクブクではなくガラガラと喉を洗う。

どこか受付の方角で赤ちゃんが泣いている。先日の子だろうか。違う子か。

母が「すみ」と私を呼ぶ。行ったり来たりしているだけで、特に何をしているわけでもないのだが少々疲れる。でも不安はとってあげたい。「どうした？」と母のほうに顔を出す。「今言うことじゃないけどさ、ママね……孫が欲しい」「うるせえ」とんだ暴言になる。

そして、気づけば三人でポスト前。

姉が「くちがさけちゃったの。スースーして、歯、ないの」

母が「顎が外れちゃったみたい。キュイイーンって歯、全部削り取られた！」と、

歯ゼロの被害者の会。

「うるさいなあ。もう～……よし！　頑張ったし、何か美味しいもの食べて帰る？　買って帰る？」と気持ちを切り替え聞いてみる。私がご飯を作りたくないだけだ。

「かうー、かつどんがいい」

「ママはもつ煮込み」

「歯ないのに？」「ああいえば、こういうー」「ねえ、やーねー」とブーブー言うふたりの背中をポンポンと押した。今日は、押せたよ……とチラリと隣のポストに視線を送る。

すると母が「お疲れさん。いっつも愚痴聞いてるもんね～」と、ポストの肩をポンポンと労《ねぎら》った。

おい。そのポン、私に一個くれ。

なんにもスムーズに進められないけど、悪い日ではない。好きな景色を見守りながら帰る。

1　歯医者と認知症とダウン症

2　「認知症はフェイク」疑惑

二〇二一年十一月某日、朝五時半すぎ。

まだ薄暗い畑道。考え事をしているのか、全く何も考えていないのか、だんまり立ち止まる母。うっかりすると案山子《かかし》に見える。

かと思えば、時折何か意を決したような、キッと睨むような顔をこちらに向けてくる。ひとりで散歩したいのに、私がゴミ出しついでにと、ついてきたのが鬱陶しかったのだろうか。

「一句できました」

……え？　……俳句？　……別次元。母が詠んだのを聞いたことがない。「どうぞ」

「今そこの　おじぞうさんが　いたんだよ　ママは見る　すみは見ないね　いつもいる」

ただ片言で喋るババアだ。

「どこからどこまで？　季語はいいの？」

「だからぁ……まだだよぅ　会話せかされ　この始末」

吹き出してしまう。「私、なんも言ってないよ。緊張で？　リズムだけ前のめってるってこと？　器用だねえ。ラップみたいだよ」

母も笑う。

「だってぇ、頭の中の俳句、誰に聞かすもんでもないだろう。ママ昔っからたまに浮かぶんだよ。でも人に言うの初めてだから」

「……じゃあ自分のタイミングでどうぞ」

「いくよぅ……散歩道　地蔵に寄り添う　彼岸花」

「うん、いいねえ。正統派～。私、俳句できないからよくわかんないけど。彼岸花？どこ？　咲いてないよ？」

歩いて来た細い一本道を振り返る。アスファルトから、ニョッキリ生えてきたようなお地蔵様と、両脇に茶色が広がるのみだ。

「だからぁ、咲いてるときに浮かんだんだよ」

「彼岸花って九月？　十月？　のを、今、発表したの？　意を決して？？」

「そう」

「いつでも開催したらいいじゃん。散歩一緒に行くよ」

「いやだぁ、絶対ひとりがいい。あんた情緒ないし、がさつだからママの気持ちが丸裸」

モジモジとした母を、まだ姿こそ見せていない太陽が照らし始める。茶色い景色の終わりに、横一直線の太いオレンジ色の上澄みが見えてきた。

「うわぁ~濃いねえ」と私。

「こりゃまた、ラー油みたいだねぇ」と母。……おい。どの口が情緒を語った。

こんなに朝日が力強いとは。たった十分もない母の散歩時間が眩しい。


家に戻り、掃除と洗濯。

洗面所の床に鳩の糞みたいなものが落ちている……。

ニュルッと、水と何の汚れだかが混ざった歯磨き粉だ……父だ。

後ろから母が「パパクソ、昨日も酔っ払って遅かったから、自分で何してんのかわかってないのよ。腹立ててもキリがないから。死んだと思いなさい。ママずっとそうやってきた」と、グイグイッと拭いてくれたそれは、濡れ雑巾のようで、今、洗濯機から出したばかりのタオルだな……。

朝七時。皆の朝ご飯と、作り置きおかずをタッパーに詰め、日付と料理名をラベルシールに書いて貼る。冷蔵庫を開けると右端に大きめのタッパーがひとつ。フタに直接、ペンで大きく『パン』と書いてある。……母だな。

「ちょっとー、ママ？　これ消えないじゃん。他のものも入れるでしょ！　もー、なんで書くの？」

母が顔を出す。「なんでって、赤マジックよ」

……ペンの種類ではない。理由だ。

さらに「ねえ、あんたシール貼るでしょ。この『煮物』『おでん』今日のは『白菜とベーコン鍋』……ようは種類はいろいろだけど全部、煮物ってことよね」。

……ホントだ。あまり考えずに足していた。「何が食べたい？　リクエストある？」

「え？　違うよ、ママなんでも食べるよ。そうじゃなくてフタに書こうか？　『煮物』って」

「なんでよ」

「だから赤マジックよ！」

「ちがうよ！」

「なにが！」

「そのなんでじゃないって」

どちらからともなく笑い出す。お互いのバカが止まらない。

姉が作業所に行く支度をし、下りて来た。入れ替わりで母が二階に上がり、

「お姉ちゃんが遅刻するだろうが！」と死んだはずの父と揉めだす。

……そうなのだ。毎日の中で何かひとつでも父ができることをと、今日は姉が作業所に行く見届けをお願いしている。そのお試しの初日だ。母が長年やってきたことだ。

うんざり顔で後を追ってきた私に、「すみ、僕の何が間違ってる？　僕の言い分はこうだ！　僕は昨日、散歩で二万歩歩いた！　だから疲れて起き上がれない。行ってやりたいのはやまやまだが歳には勝てない。至って冷静な判断だ！」と布団から上半身を起こして訴えてくる。

母が怒鳴る。「健康のために二万歩歩いて、二日酔いになるまで飲める老人は元気

だろう！」もっともだ。

「僕の時間を僕がどう使おうと僕の勝手だろ！　すみ、バカが絡んでくる僕の身にもなってくれ！」と母を見ずに私に言ってくる。カチンときてしまう。

「どっこもバカじゃない！　僕僕うるさい！　パパ中心で動いてるんじゃないんだよ！　なんだったらできるんだ！　一生寝てろ！　私が行くからいい！」

「なんだその口のきき方は！」と跳ね起き、枕を床に投げつけ詰め寄ってきた。酒臭い。父が振り上げた片腕が宙をぶらつき、もう片方が私の喉元に。見ようによってはハゲ散らかした酔拳の達人だ。

しまった。のってしまった。そもそも誰と誰のケンカだ。そうは思いつつも私はこの度々の父の威圧が大嫌いだ。

「何その手？　殴るの？　冷静な人が？　なんで殴るの？　言ってみろ！」

ムキになり一歩も引かない私の前に母が入る。「なんでって！　グーかパーでしょ！　やめなさい！」

……手段じゃない……理由だ。母よ。いつの間に仲裁人だ、ややこしい。

チーン。チーン……チーン。チーン。誰も死んでないのに仏壇の鐘が鳴る。……姉だ。割と毎朝やる。ここ最近のマイブームのようだ。父を無視し、母を無理やり部屋から押し出し、共に階段を下りる。「僕が僕が」と上から吠えてはいるが、追って来ないところを見ると内心ホッとしたのだろうか？　いやどうだろう。

居間の端には小さな戸棚サイズの仏壇セットがある。早々と十年くらい前だろうか。確か、母が「終活もお買い得にね」とセールで買っていたものだ。

ちんまりと座り、手を合わせている姉。「おはよ」と声をかけると、ゆっくり振り返り無言で立ち上がる。そして独特の間と緊張感、挑むような顔でサッと両腕を上げ、指揮をする。え？

「さん、はい。わたしの〜おはかのぉ〜まえで〜なかないでください〜」このワンフレーズのみ国歌独唱ばりに聞かせてくる。こちらが戸惑う隙もない。窓から斜めに差し込んでくる朝日がキラキラと音痴を個性に魅せる。

「泣かないよ。誰のお墓？」と言う私に、「ズコー」っとおどけてみせ、さあご覧あれとばかりに仏壇の観音開きの戸を開ける。ザザァーっと姉の小さな頃からの写真や絵、習字、折り鶴、工作等々が流れ出る。いつの間にか本人セレクトの思い出ボックスになっている。

私が「詰めすぎだよ～」と拾い重ねていく。それを姉が「ホントねえ～」と床に並べていく。片付かない。

姉が小学校のマラソン大会で土手を走っている、そのすぐ後ろを母も走っている写真。たくさんのこいのぼりを見上げ、姉が写メを撮っているのを、横から撮っている写真。姉が野球のユニフォームを着てピッチャーさながらにボールを投げているのを、撮っている母の指がぼやけて入っている写真。全部、母が横にいる。一心同体なんだねえ。

姉が「これもあるよ」と。埋もれた中から引っ張り出したのは、私がSMの時の、いつ何に使う用だったのかも忘れてしまった、ボンデージ姿の余った宣材写真だ。

「いつの間に？　これ、私の部屋にあったでしょ？　取ったの？」

「うん！　たからもの」……そう言われると何も言えない。特に使い道もない。それを姉が細々とした仏具セットに上手いこと立てかけ、チーン、チーンと鐘を得意げに弾ませ、手を合わせる。私の遺影になった。母が笑っている。

そして酒臭さの抜けていない、不機嫌極まりない父が下りて来た。行くようだ。

「もう〜大遅刻〜！」とさほど慌てた様子もない姉の声だけが、主を置いて誰よりも先に玄関を抜けて行く。

十時すぎ。遅めの仕事で都内へ。いってきますを言おうとするも母が見当たらない。どこだ……庭にいた。二メートルある高枝切りバサミで低木を切っている。いろいろ疑問はあるが、聞いていたら遅刻する。

母が「木が遠すぎて切りたい枝が落とせないんだよ。あんた切ってくれない？　ママ、指示するから」と。このまま残していくのも不安だ。長い柄を持つのを交替する。

「これね、ミカンの木。もっと寒くなると、酸っぱくて苦くて不味《まず》くて毎年採っても誰も食べないのに、たくさんなるから今のうちに枝落としとこうと思って、棘《とげ》があるから、引っ掛かってイタタタ、はい！　この枝！　今ママが軍手で押さえてるとこ落としてー！」

そう言われても、二メートル先だ。葉が被さってよく見えない。ハサミが右へ左へと小刻みにブレる。

「バカ！　それママの手！　それ指！　バカ！　木！　それ指！　バカ！　あんたなんだったらできるの！」

とんだ言われようだ。

「ママ休憩してて」と小さな縁側もどきに座らせ、ちゃっちゃと枝を刈っていく。後ろから「一句できました」。……今？　……母を見る。両足をぶらんぶらんと前後に振っている。照れ隠しか。私は切った枝をゴミ袋に入れながら「どうぞ」と言ってみる。

「庭作業　サザンカ一輪　精がでる」ミカンの句ではないのか。

「良いけど……サザンカ一輪って？　あ！　もしかして私のこと？」

「あん？　違うよ、なんで？　親子で気持ち悪い。ママ、そんなゴマすり俳句詠まない。ほれ、反対側の奥の木がサザンカ。まだ蕾《つぼみ》だけど、いずれ咲くから」

「咲いてから詠めばいいのに。どうせまた落ち葉拾ったり庭作業するよ」

「しない。それ、あんたの時間じゃない。ママがするから。これからウチはもっとやこしくなるに決まってるんだから。パクソはあんたの手に負えないよ。まだ間に合うから、咲く頃には東京帰りなさい」

何も響いていない顔で聞く。「……これ、いつ咲くの？」

「あと二、三日」

家なし、野宿になる。後片付けをし、母に見送られ仕事に行く。


二十三時すぎの帰宅。下駄箱にガムテープで留めた張り紙がある。

『パクソまだ外。酔っ払いにかちあう前に寝なさい。夜食タッパーあり。ママ、お姉ちゃんもう寝るう。おやすみ』

そっと剝がし、台所へ行く。冷蔵庫を開ける。朝より数の減ったタッパーが並んでいる。夜食は、私が作ったものを言っているのだろうか。特にお腹は空いていない。ドアを閉めかけた奥に、朝見た直に赤マジックで書かれたものが目にとまる。『パン』にゴが追加され『ゴパン』になっている。フタを開けると、ロールパン一個とラップしたおにぎり一個が入っている。その間をヨレた白い紙で仕切ってある。仕切り？　違う。半分に折ったメモだ。

『パンも米も入れられるよ。ママもう大丈夫だから』

なんでぇ……こんなメモ書くの。……ボールペンでぇと返ってきそうだ。

なんで……今日一日のどこが認知症？　私が慣れて麻痺してきたか。年相応の可愛い年寄りではないか。……誤診だった？　……治った？？　実家に戻り一年以上経ってもまだ思う。

まだいるよ。だらしがないから何の約束もできないけど。私は私の時間を過ごしているよ。今日、私は、まあまあ幸せだったよ。

3　家電もポンコツ

ウチは家族もポンコツだが、家電もポンコツだ。

人で手一杯、お金に余裕もないので、できるだけ物に関してはスルーしてきた。

でもどうにも触れざるを得ないもの達が、いる。

二〇二一年九月のいつだったか。まだまだ暑いが、セミに代わってリリリ、リリリリとコオロギの鳴き声がマウントを取り始めた頃。私の部屋のエアコンが壊れた。

少しずつ様子はおかしかった。冷房なのに、だんだん送風だんだん温風、最後はダハァアアーッと湿気と長年の疲れを吐き出すような声を上げ力尽きた。

「なけなしの金で、安いの買うかあ」とぼやくと、
母が「バカ！　まだ動く！　一回寝かしなさい！　良くなるかもしれないだろう」。

ワインじゃないんだ。

我慢してみるも夜は暑さで眠れない。戸を開け、隣の姉の部屋から漂ってくる冷気

のおこぼれを、扇風機で流して取り入れた。

風にのって「ね～むれ～、ね～むれ～」とオリジナルなのかよくわからない姉の全力子守唄もついてきた。気持ちはありがとう。一回寝かしてくれるかな。

結局、約八万円のエアコンを購入した。

さっそく母が見学に来る中、リモコンの冷房のボタンを押す。

「わあ～～」とふたりの声が並んだ。

母が「霧ヶ峰に来たみたい～。高原のような爽やかな風～。パワーはあるのに体に優しい」。……なんだそのセリフのような言い回し。昼間、通販番組を見すぎなのだろうか。目を瞑り、空気を胸いっぱいに溜め込んで味わっている。嬉しそうだな。

さらに「だから早く買い替えれば良かったんだよ。これ、お姉ちゃんの部屋にも一台あったらいいね。ママ達の寝室も繋がってるから一台でじゅうぶん。あと、一階の居間ね。もう全部オンボロだからね。この際、取り替えるか！」。

エアコンは人格まで変えるのか。

……全部で三台、二十四万円。急に霧ヶ峰山頂から突き落とされ死んだ気持ちになる。貯金なんてほぼない。ただ、私の部屋だけ快適というのが……なんとも居たたまれない気持ちにさせる。生活費は残さなければと家族分の通帳と睨めっこする。私の給料と、母父姉の年金も使うからねと了承を得て購入した。姉のが一番心苦しい。それでも皆が快適ならばと踏み切った。

数日後。居間で母が暖房を入れ、窓を開けている。父が「どうなってるんだ?」とうちわで扇ぎ、姉が「暑い、暑い」と扇風機に顔をあてる。

そうだった。家電を新調しても、家族がポンコツだった。

ピッとリモコンを冷房に切り替え、ボタンの横に『ここ押す←』と書いたテープを貼る。……お金の使い道はあっていたのだろうか。船頭の荷が重い。

十月下旬。日の入りも早く、夕方にはもう薄暗い。虫達が夜の生ライブに向けて声出しを始めている。

そんな頃、居間の照明がつかなくなった。なんなら外より暗い。蛍光灯が切れたのかと思い電気屋さんに確認したら、違うようだ。

「配線の老朽化かもって。明後日のお昼すぎに見に来てくれるって」と母に言ったら、「勝手なことするなバカ! そうやって、こっちがわからないのをいいことに、ぼったくられるんだよ！　暗闇だって人は生きていける！」

そうは言っても電気がつかないというだけで、陰影のせいなのか、部屋が穴蔵に、家族がしみったれ、晩ご飯のカレーがドブに見えてくる。テレビと台所から漏れる灯《あか》りと、電気スタンドを食卓に引っ張ってきて凌ぐ。

次の日。あと一日が待てなかったのか、忘れてしまうのか。十五時すぎていただろうか。いつの間にやら、母が椅子を踏み台に食卓の上に仁王立ちして、天井を見上げている。

「ママ危ないよ、下りて、ママ！」

制止を聞かず、円形の電気カバーを両手で、回したり引っ張ったりガタガタと上下に揺するようにして、無理やり外す。バリバリにヒビが入る。日にちの経った大きな、のし餅みたいのを「どうだ！　みたか！」と湯呑みの横に置く。そこに奥から手が伸びる……座っているのは、父だ。母を見上げながら、ズズーッと茶をすする。猛烈にイラっとする。

「パパ！　なんで止めないの？　怪我したらどうするの？　平気なの？」

「もちろん平気じゃないさ。落ち着いて新聞も読めない。僕はママに絡まれたくないんだ！　それだけだ！」

母が「誰の助けもいらない！　ほれ、これ交換したらいいんだろう。業者はいらない！」。一部黒ずんだ輪っかの蛍光灯二本を外し、握りしめ、これ見よがしに振ってみせる。浮かれたタンバリン奏者に見える。

父が「いいかい、すみ。ママにも言ってくれ！　たかが電気ひとつだ。居間は暗くても明けない夜はないんだ。明日の朝日でじゅうぶんじゃないか」。昼すぎまで寝ている酔っ払いが、ごたくを並べてんじゃない。たかが電気ひとつだろう？　なぜゴタゴタする。

そしてまた次の日。電気屋さんがやってきた。作業服を着た若めのおじさん。不信感丸出しの母に横づけされる。つつっと離れ作業に専念し、ふと振り返ると、すぐ後ろにババアの顔があるので、その度にビクッとなる。申し訳ない。

「ママ、じゃまになってるよ」と言うと、「知ってる」。え、知ってて？　どういう返し？　私と業者さんが同じような顔で目が合う。

かと思えばいそいそと「お疲れでしょう？」とお茶を盆にのせ差し出したりもする。そして手をつけ飲み干すまで至近距離で目を離さない。

「それ拷問だから、ママ、離れて」と言うと、

「だってぇ、我が家の電気が生まれ変わるんだろう？　百年に一度のことだから、ママ、次は生きてないから見ておこうと思って」

皆既月食じゃないんだよ。LEDだよ。

取り付けが終わり、業者さんが母に「リモコンがあるんで、これからは、わざわざ立ってスイッチつけなくても、その座椅子に座りながら電気をつけたり消したりできますよ」と。

「はぁ、へぇ」と腑抜《ふぬ》けた返事をし、おずおずとリモコンを受け取りピッと押した。

「ひやぁぁぁー」ババアと、中年も、娘みたいな若く黄色い声を上げた。

母が「明るーい！　まあ、なんということでしょう！　ウチじゃないみたい」。

確かに、昼間ではあるが、今までの何倍もの輝きがあった。

「明るさの調節もできますよ」という言葉に反応し、母がリモコンをピッピッと切り替えながら、口があんぐりと開いてゆく。「灯りがあ！　小っちゃくてもおっきいの！　どういうことでしょう！」……言っている意味が、どういうことでしょう。

業者さんが「せっかくだからカーテン閉めてみます？」。

即席の夜。百年に一度の満月を見上げるように、母と、私も高揚した。最後に業者さんが「この光で、お顔もお若くより綺麗に見えますよ。良かったですね」。血色の良い母の顔が、スッと、なに言ってんだという真顔に戻る。業者さんがたじろぐ。なぜ、合わせない。ここまで付き合って頂いたのに。合計金額、二万円ちょい。代金に不満はない。ただ懐の寂しさで、まあ、まあ……まあ……まあ……自分の不安をおさめようとするも、まあまあが、いつまでたっても途絶えない。

二〇二一年十一月某日、朝六時。

ゴトン、ガタンゴトンゴトン。電車かと思うような音をたて、早朝から全開で左右にボディを揺らす洗濯機。……実家に戻った時から一番気になっていた家電。白い衣服が洗濯するとかえって薄汚れる。ポンコツ家電のラスボスだ。

ゴットンゴゴゴゴ‼　ピーピーピー。勝手に暴走し、緊急停止する。解除ボタンを押し上ブタを開ける。容量内のタオルと衣類が、白菜の樽漬けみたいになっている。「またか、ちっ」と思わず舌打ちが出てしまう。

「お〜い靴下ちゃーん、どこ行った〜?　おーい」と母が洗面所にやってくる。下ばかり見回しながら、私の足元で止まり、固まり、ゆっくりこちらを見上げる。

「なんだ、すみか。ママの靴下ちゃん知らない？　こう筒抜けになってて、ちくわみたいなの。あれがあったかいのに。パパクソがとったんだろうか」

「レッグウォーマー？　とらないよ」

どうでもいいが、靴下にちゃんが付いて、私はなんだで、父はクソ呼ばわりだ。基準がわからない。

「座椅子の横にない？」と母を流し見しながら、ずぶ濡れの洗濯物を少しずつバケツに移し、風呂場で手絞りしていく。

「まーったく、あんたの背中見てるとさ、ママのお母さん思い出すよ。ママが小さい頃、大きな木のたらいに洗濯板でゴシゴシ洗って、そうやって絞ってたんだよ～」

娘の背中に自分の親を見ているの？　ややこしい。

私の後ろで母が、ジッとしたまま動かない。振り返ると、寄り添うように微笑みをたたえている。

「……なにしてるの？」

「忘れた」

……なるほど。この先、母を、家族を守るお金がいる。だから洗濯機よ。もうちょい、頑張って。

十二月、年の瀬も押し迫る頃。

仕事から戻り二十三時すぎだったか。風呂に入ろうとすると、洗面所の床が濡れていた。洗濯機のホースと蛇口を繋ぐパッキンが緩んだようだ。ホースの切れ目から、水がポタリポタリと漏れている。いじってみるも、びくともしない。

「可哀想に、働かせすぎだよ。洗濯機が泣いてるよう」と、寝ていた母がいつの間にか起きてくる。急に足元のびちゃびちゃが、涙の水溜まりに見えてくる。やめてくれ。

「水漏れだよ。洗濯機のホースのとこ、どうやったらキッチリ締まるんだろう?」

「え〜? 全く、あんたは家のことを何も知らないねえ。こんなもん、こうやって」とホースを……スポッと……抜いた。「え?」ふたり同時に小さな声を上げた。

当たり前のように水道から水が真っすぐ下に落ちていく。母が、サッとホースをくっつける。くっつかない。間で潰れた水がブシャヤャー! と四方八方に飛び散る。

「あら、あらあらあら」と慌てふためき、ホースの上を持ったり下を持ったり、ニョロニョロと生きているかのように扱う。ドジョウを掴んでいる人みたいだ。

「すみぃぃ」と母がこちらに体を向けると、蛇口につけたホースの角度も変わるのか、擦れた噴射が私の顔面を直撃する。水しぶきで見えない中、蛇口を閉めようと手を伸ばす。「すみぃぃ、ホースが言うことを聞かないのぉぉ！　すぅぅみぃぃ、もうだめかもぉぉ！」力んでいるのか、めいっぱい両目を集中攻撃してくる。「それは！　ママの匙《さじ》加減《かげん》だからぁぁ‼」右手で母のホースを持つ手を押さえ、左手で蛇口をギュウっと捻《ひね》った。

　静けさが訪れる。ボッタリ、ボッタリと壁から天井から水が落ちてくる。脱衣所と私達が丸ごと水浸しだ。

「……家とすみが泣いてますけど」と私が言う。

「……だからママ言ったんだよ。洗濯機買い替えようって」と母。

「いつ？」

「忘れたよう」

　笑った。どうしてかわからない。

後日、給料は歩合制なので、今月分を確認し六万円の洗濯機の購入を決めた。カードは残高不足で引き落とせなくなるのが怖いので、習慣で現金を下ろしに行く。ギリギリ足りたことの安堵か……家電は買えたよ。ド貧乏でもないよ。でもさ、お金、お金って、いっつも考えちゃうよとATMの前で、泣く。やだ、これしきのことで。私の情緒よ、しっかりしてくれ。

本当はパッキンを取り替えれば水漏れは収まったようだが、「もう可哀想だよ」と母が言った。業者さんに引き取られて行く洗濯機を一緒に見送った。

古い洗面所に新参者が鎮座した。さっそく洗濯をしてみる。ピーピーと終了音が鳴る。後ろからパタパタと母が駆けつける。フタを開け、ふたりで覗き込む。洗濯物がキッチリ絞られ、洗濯槽に沿って太い輪っかで収まっている。天使の輪に見える。

「ママー、白いタオルが……もっと白いの！　真っ白！」

母が言う。「すみ！　これ、ママの靴下ちゃんが！　あれまあ！　ちくわが、ちくわぶになってるよう！」

……ん？　え？　……ああ、色ね。「薄汚れてたもんね。白くなったね！」と返す。

……母よ。頭が切れるのか、キレてるのか、どっち？　私には良好に見える。

それが嬉しくて、「白い！　白いね！」の嬉しさに紛れこませながら、母と共に浮かれた。

お金はすっからかんだ。生活はできるよ、今のところね。でも貯金がないって怖いよ。助けたい時にお金がなくて助けられないことが怖いんだ。

私、不甲斐ないから、任せといてって言えないから。

家族も家電もできるだけ元気でいてよ。特に三人、中古一点ものの代わりなどないのだから。

4　くさいあたたかい

二〇二二年一月六日、朝七時すぎ。

自室で、卓上の拡大鏡に顔を寄せ、中指の腹で弛《たる》みがちの瞼をピンと横に張らせながら、アイラインを引いていた。薄い壁越しに隣から声が抜けてくる。

「……あれ？　……ない……ない！　ぬすまれた～～、ドロボー！　私がぁ、何したっていうんだよぉぉうおうぅあー！」

ビクッと手がブレ、まつ毛の際にウォータープルーフのひじきがのった。……いったい私が何をした。

こう書くと、皆さんは声の主は母だと思うだろうか。いや姉なのだ。だから余計にびっくりした。何事かと駆けつける。揉めているのかと思ったら、独り言だ。ベッドですっぽり布団をかぶり、あぐらをかき泣きわめいている。

「どうした？　何がない？」

「あったかいがないんだよぉぉおお、ちっくしょおお！」赤ら顔をくしゃくしゃにし、ペシっと自分の片膝を叩く。屋台で安酒を飲みながらとぐろをまくジジイに見えてくる。背後からモワっと酒臭さが漂う。振り向けば奥で本物の酔っ払いのジジイが寝ている。イビキがいつも以上に癇に障る。

顔と心を姉に戻す。「あたたかいをドロボーされたの？」と聞き返す。しゃっくりをしながらコクリと頷き「まぁ、るぅ〜……ごぉおお〜！　とぉおおおー‼」と声を振り絞る。強盗ー！　と聞こえて怖い……丸ごと？　暖かさ？　温かさ？　家庭の？　寂しいという不安か？？　余りに泣くので、やったことはないが、試しに慣れない手つきで、掛け布団ごと軽く抱きしめ背中辺りをさすってみる。「ちがうぅ、ちぃ（ヒック）がぁううあ‼」……そうでしょうよ。付け焼き刃の愛ひとつでギブアップだ。

下から母の声が突き上げてくる。

「暖房のボタン押してやって！　下まで降りて来ればあったかいのに、そこまでが寒いってごねてるのよ」耳も察しも良い。

ピッとリモコンのスイッチを入れる。勢いよく温風が吹き出す。ぱぁっと姉の顔が晴れてくる。「いのちをたすけてくれて、ありがとう」と両手を合わせ拝まれる。返す言葉が見つからない。

垂れた鼻水をティッシュで拭いてやりながら「はい、自分でチンってかんで。できるでしょ」とシュッシュッとボックスから数枚抜き取り握らせる。それを姉は一枚一枚重ね角を揃えて、ハンカチのように四つ折りにし、そっと目元の涙をおさえていく。急な貴婦人。

「湊《ハナ》！」ともう一度言うと、わかってるという目をよこしながら、私の空いた手のひらに鼻を押しあて、ブン！ っと力む。……え……なぜ手鼻。……なぜ私の手。

「だあ！ ゲッ、もお最悪だよー、もぉーもぉー！」と言う私に、姉がケタケタと笑ってみせる。

「なんも面白くないよ」と部屋を後にし、洗面所で手を洗う。ついでに瞼のひじきも擦り取る。

それにしても、こんな急にひとりで憤る姉を初めてみた。「いつもおっとりなのに……ダウン症のヒステリーってある？ 年のせい？ 前から？」と、どこからか唇が動き、口に出ている。独り言だ。

気のせいか後ろにあたたかいを感じる。振り返れば、母がいた。対面距離が三十センチ。間合いの詰め方がおかしい。

バリバリに割れたプラスチックの破片をいくつも胸に抱え、待ち構えている。

わけあり煎餅とわけありババアに見えてくる。なにそれ？　と言う前に、母が憤る。

「ゴミ箱さ！　パパクソさ！　夕べ酔っ払って大暴れして破壊したのよ。これくらいで済んで良かった。あんたが戻って来た最初の頃はいい父親面してさ、抑えてたんだろう。そんなもん長く続くかいな。ママのダイエットと一緒！　元通りさ！」

ジジイのヒステリーのリバウンドと、ババアのやってもいないダイエットを一緒くたにされてもと思うが、「うん、うん」と相槌を打ち、母から破片を回収する。

居間に入ると床にはゴミ箱から放り出されたゴミ、引きちぎられた新聞紙やら段ボールやらの威嚇の跡がある。こちらのほうがドロボーに荒らされた後のようだ。昨晩、派手な音はしていた……ため息をつきながら、それらを拾った。

母が「素手で汚い！　ほら、破片で手切るよ、危ないよ。ゴミ箱に入れなさい！　あれ？　ゴミ箱？　ない！　なんでぇ？　…………………パクソ‼」。

おお。自力で思い出したようだ。

「正解」と返す。どうしようもないとばかりにふたりで笑う。

全てをゴミ袋にまとめ、ふと壁の丸時計を見やる。「わ、八時、仕事！　遅刻しちゃう」慌てて身支度をする。玄関の三和土《たたき》でボアの靴を履いていると、母が「今日は雪が降るってよ。ねえ、なにもこんな日に仕事あるふりしなくても……公園のベンチで一日中は寒いだろう？　あったかい缶コーヒー買うお金ある？　家にいたらいいだろう？　誰もとがめないさ。ウチは米と味噌があればなんとかなるよ。あと悪いんだけど、お金持ってない？　パクソが飲みに行く金がないって。家にいられるよりどっか出てくれたほうがマシだから」とすまなそうな顔をする。

母の中で私の無職率が高い。

「大丈夫。働いてるよ。今朝、ママの財布に幾らか足しといたよ。後で見て。いってきます」と家を出る。コートにマフラー、手袋、帽子、マスクでも、わずかに出た肌をキレのある冷気が襲う。まだ降っていない白濁した空を見上げる。「いい娘面してんだよ私、濁ってるくせに、白いふりしてんだよ、わかってるよ」マスクから白い息が漏れた。……また、喋《しゃべ》ったのか。

いつからか。お昼すぎには都会が冬の薄化粧を始めていた。都内に大雪注意報が出る。

母からメール。「積もるよ。全部捨てて帰っておいで。電車止まるよ。追伸、パクソがお姉ちゃんの金を黙って盗ってった！　ドロボーさ！　のちほど！」

……のちほど、全部捨てて、ホテルに泊まりたい。思うより先に、指がしがらみから逃げるようにスマホで検索し始めている。私が払えそうなところは、どこも満室だ。

二十二時すぎ。冬の厚化粧になってきた。傘はさすも、大粒のぼたん雪が時折の暴風で衣服やその隙間からのぞく肌にも貼りつき、すみこの化粧がはげた頃、なんとか帰宅。

居間で姉が「ないの、ドロボーなの」とベソをかいている。

母が「パパクソめ、お姉ちゃんが作業所の公園清掃で貯めた、僅《わず》かなお金まで持ち出しやがって。可哀想に。貯金箱がすっからかんだよ！」。

……いくら父でもそんなことするだろうか？　留守中によくわからないことが多々起きるので、深くは追及しない。

「おまけにママの財布までない！」

「それもパパ？」

「バカ！　それはママ！　とられないように隠したら、どこ隠したか忘れた！」

なるほど。……隠した記憶はあるんだなあ。財布からありったけの小銭と千円札を二枚出す。

「これくらいだった？　これで元通りにしよう」と姉に渡す。

「すみちゃん、ありがとう、ほんとにありがとう」と深々とお辞儀を繰り返し、満たされた貯金箱をシェイカーのように、シャカシャカ振っては目を瞑り、その音に酔いしれた顔をする。気取ったバーテンダーか……と済まそうとするも……やめてよ。姉妹で。何度も頭を下げないで。なんだか悲しくなるよ。

母の財布を探す。座椅子にペチャンコになったセーターが数枚、座布団のように敷かれている。めくっていくと出てきた。

「ばか！　せっかくとられないように隠したんだよ！　もとに戻して！」

もう忘れたか。仕方がないのだが……ありがとうの度合い、ふたりあわせて二で割れないだろうか。

しんしんと雪が降り続く。積もりそうだ。

各々が寝床に入り、静まり返った二十三時すぎ。父が帰宅。ガチャガチャと鍵を開ける、傘をバサバサと振り雪を落とす、電気をつけようと壁のスイッチをぶっ叩く、冷蔵庫を開ける、チンとレンジで温める……全てバン！　バン！　っといらない音がたつ。酔っ払いのすることだ。女三人寝たふりを決め込む。

小一時間経っただろうか。ドスンドスンと階段を踏み鳴らしながら上がってくる。

「やあ、やあ～お姉ちゃん。まだ起きてたのか？　寝なさい。明日起きれないよファアアア～」と大欠伸《おおあくび》をひとつ。

「くせえ！」なのか「くそお！」「うるせえ！」が入り混じったような母の声を最後に、再び静寂が訪れる。

やれやれと戸締まりに下りる。玄関や窓の内鍵、水道、火の元、暗闇の中をサッと必要な箇所だけ手で触ってまわる。問題なしと……ふと食べ物の臭いが強い気がした。電気をつける。

シンクに……麻婆豆腐が土砂崩れのように溜まっている。脇にタッパーが三つ。横転したトラックの荷台のように見えてくる。……父だろう？　母も姉も私も一緒に二階に上がった。「追及するな」と思えば思うほど、目が離れようとしない。流れ出る溶岩のようにも見えてくる。私の煮えくり返ったはらわたのようにも見えてくる。「置いただけかもしれない……流しに？　こぼれただけかもしれない……三つも？

絶対わざとじゃないよ。酔っ払って何をしているのかわかっていないだけ」

勝手に喋る口が止められない。「わかってるよ」だいぶ前から私の情緒はおかしい。それでも勝手に体が心に背を向けて、淡々と散らかったおかずもタッパーもビニール袋にかき集め、捨てた。

二階に上がり自室に入る寸前で「ママー」と、蚊の鳴くような声がした、私だ。どんどんおかしい。

暗がりでむくりと起き上がる母が見えた。「どうしたの？」こんな小さな音を聞き取って目の前まで来てくれる。……近い。近すぎる。自分の顔を私の懐にもぐらせるようにして、しげしげと見上げている。

「パパがタッパーを流しにぶちまけてるよ」と言ったら、大きな粒がポタリと母と私のわずかな隙間にこぼれ落ちた。

「もういちいち相手にしない。忘れなさい」と私を部屋に入れ、ベッドに入るのを見届け「ぐっすり眠りなさい」と、そっとドアを閉めてくれた。

次の瞬間。

「起きろー！　酔っ払ってしていいことと悪いことがあるんだよ！　泣いてるだろうが！」と母の怒号が響き渡った。

ぐっすりなど眠れない。

流石に父にも聞こえたようだ。言い争いが始まった。

「僕がそんなことするはずがない！　いつもありがたく食べてる！　僕がやったのを見たのか？　証拠はあるのか？　証拠を出せ！　おまえが忘れたんだろう！　ボケが忘れて全部僕のせいにしてるんだ！　黙れ！　ボケが！　ボケがうるせえ！　出てけ！　僕の家だ！」

ゆるせない。私は再び自室のドアを開け放ち、父にくってかかった。

「パパだけの家じゃない！　滞っていたローンも、パパが店のあちこちで作った飲み代のつけも借金も、私のＳＭ代だ！　首の皮一枚でこの家があるんだ！　大きな顔して住めるのは、家を大事にしてきたママとお姉ちゃんだ！」と一気にまくしたてた。

「早口言葉のようでわからない！　ゆっくり喋れ！　判子は僕が押した！　判子を押せる社会的信用があったのは僕だけだ！　嫌だったらみんな出てけ！　そこまで言うなら親子の縁を切る！」

そこまで？　どこまで？　これでも、たいして言っていない。

母が割って入る。「やめなさい、もういいからやめなさい！　みんなの家さ‼」

認知症の母が一番まともだ。腰を据え全力のつっぱりで、私を部屋へ押し戻していく。なぜ張り手。貧相な胸が痛い。視界から父が消えてもなお叫ぶ。

「小さい頃からあいつが嫌だった！　あいつさえいなければってずっと思ってた！　いっつもママがなじられて出て行くって言う。あいつが出ていけばおさまるんだよ。ママとお姉ちゃんと三人で暮らしたかった！　アパートでも、どこでも三人が良かった！　お金なくてもママとお姉ちゃんがいればそれで良かった！　ママとお姉ちゃんと米と味噌があったらそれでいいんだよぉぉ」

とうとう、また泣いた。

「ばか」

母が両手を広げた。茶色いセーターが大風呂敷のようで、大きなモモンガに見えた。そしてフワリと私を包んだ。壊れゆく母が、壊れて止まらない私を抱きしめた。泣きながらしゃがみ込み、ズルズルと滑り落ちる私の頭をグイっと自分のポッコリお腹にうずめた。……あたたかくて、くさい。風呂に入っていない臭い。いつの間にかこれが母の香りになってしまった。

「もういいから。嫌なこと言われても忘れたフリしなさい。そうやってかわしなさい。ママいっつもそうしてる」

……いつも？　……母よ、認知症が忘れたフリしたら、ややこしいよ。ところどころで感傷に浸れず、少しずつ自分を取り戻す。

「あんたを止めるのはママの役目さ」と母が小さく呟く。独り言だろうか。

そして、ぶぉぉおお、ぶぉぉおおおっと二発、ほら貝の出陣のような、屁を放った。……ウソだろ。

「……え？」と母を見上げると、グイグイっと私の頭を両手で自分の腹にうずめなおす。

「……しかたない、ママにだって止められないものもあるさ」

ねえ、どんな顔でそれ言ってるの？

「くさい〜、くさいよ〜」とむせび泣いた。

私が病んでは元も子もない。わかっている。だから自分ファーストと思うが、それすら見失う。

「とりあえず、いい娘面はやめるよ」と口に出す。大丈夫、独り言とわかっている。

雪の降る、一段と冷え込んだ日。

私はまた、母のあたたかいに救われた。

5　予想の上を行く

二〇二二年一月、とある日の朝食後。

台所で柿を剝いていた。硬めだな。私は好きだが、母は柔らかいのがいい。きっと「え〜もうちょっと熟しきるまで置いておけばいいのに〜」という会話になるだろうなと予想する。居間に向かって「柿食べる〜」と聞いたら、「パピプペ〜?」と返ってくる。ひとつもあっていない。どんな聞き間違いだ。

「なんでパ行?　せめてカ行にしてよ。柿、食べる?」と再度聞く。

「あん?　朝っぱらから何言ってるの?」と面倒くさそうに覗きに来て、答えがわかったところで涙を浮かべ笑い出す。「ママとしたことが全く予想できませんでしたウフフフ、フハハハハ!」……そんなに?　ツボに入ったようだ。予想と違う会話。

ちなみに耳は良い。聞き間違えと認知症は関係あるのだろうか?　そもそもの思い込みや、そそっかしい性格がゆえにだろうか？　声の飛んでくる角度によるのか？

その辺はよくわからない。


また別の、とある日の早朝。

都内で仕事のため、まだ日の出前に二階の自室で身支度を整え、そっと階段を下り玄関で靴を履いていると、そのわずかな物音なのか気配なのかで母が起きて来る。

そして「出かけるの？　ちょっと待ってればおにぎり作るよ。持って行けば？」。え？　びっくり発言。珍しい。これを逃したら二度とないかなあと思うと急に食べたい。でも時間がない。「大丈夫。コンビニで何か買って食べるから。ありがとう」と返すと、「そうかい。良かった。作る気なかったから」……え？

さらに「芋は？　どうする？　あるよ、茹でる？」と聞いて来る。

「茹でる気あるの？」

「ない〜。気持ちをお届けしました〜。ふへへへへー」

……はい〜。受け取りました〜。何だ、この会話。大概、母の返しはこちらの予想を裏切ってくる。

また別の、とある日の夕方。

私は台所でアイスコーヒーを立ち飲みし一息ついていた。母がトコトコやって来て冷蔵庫を開けたり閉めたりし始める。そして「ママ、これ狙ってるんだけど。ダメかね？」と野菜室のトウモロコシを指す。

ああ。スーパーで売っていた真空パック状態の、すでに茹でてあるものだ。保存期間が半年から一年くらいだろうか。どちらかというと、いざという時の非常食用で七、八本入れてある。

「お腹空いてる？　冷蔵庫に食べちゃいけないものなんてないよ。ママ、トウモロコシ好きだね」と言ったら、

「うん。そうなの。ママは手間もお金もかからない、安上がりな年寄りなのよ」と。

それはよくわからないけれど。まあ、でも確かに。私が作った不味くもないけど美味しくもない、何だかなあみたいな料理も全部残さず食べてくれる。

さっそく真空パックを開封し、包丁でザクっと実を削ぎ芯を外そうとすると、

母が「えー！　何〜！　あんた、そんなことしたらトウモロコシのいいとこぜーん

ぶ失っちゃう。夏に丸かじりするのがいいんだよ。こんな季節外れに、そんな粒だけにされたら可哀想」

季節に関しては、今食べたいと言ったのは母だろうが。

私は「そうなの？　歯に挟まるじゃん。ママ虫歯あるし、治療中だし、こっちのほうがいいと思ったよ。ベーコンと一緒に炒めたら良くない？」と言うと、

「余計なことしない。バカだねえ。せっかくの醍醐味を。そのためのトウモロコシだろう？」……どのためだ。

それならと、一部削げたトウモロコシと、もうすぐ作業所から帰宅する姉用も合わせて三本レンチンする。

ふたりでローテーブルに座り「アツ、アチャチャチャ」と声を重ねながらかぶりつく。……そう言えば、幼い頃、家でもお祭りや花火大会の屋台でも、トウモロコシを母姉私三人並んでハーモニカを吹くみたいにして食べたっけな。懐かしい。母は覚えているだろうか。聞いてみるか。「そう言えば」と言った瞬間、

「総入れ歯？　冗談じゃない！　絶対イヤ！　ママは断固、最後まで自分の歯でご飯を食べる！」

おぅ。そうであれ。予想外の会話。常に母が上を行く。

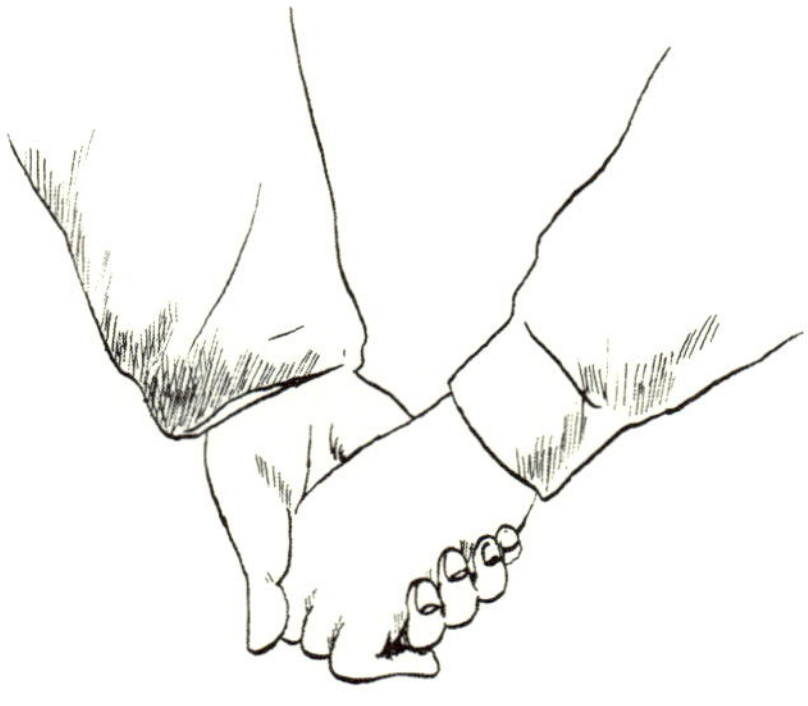

6　孫とマイナンバー

二〇二二年三月某日、午前零時すぎ。

ピッピッと携帯を操作する音が薄壁を伝わってくる。……母だな。こんな夜中に？　隣の寝室を覗きに行く。ベッドにうつ伏せで両肘をつき、ガラケーから漏れるわずかな灯りでメールを打っている。

「誰にメールしてんの？」と声をかける。

画面を見たまま「……すみに、まだ帰って来ないのよ……え？」とこちらを見て、

「でぇ！　たぁ！　ゲホッ、ゲホッ何？　ただいまくらい言ってよゲホッ。心配させないでゲホ。今どこゲホ。って打ってたとこゲホ」……こんなコントみたいなリアクションをする人、実在するんだなあ。語尾にゲホをつける新しい妖怪キャラに見える。ちなみに私は一日中、家にいたので、ただいまのタイミングはなかった。これら諸々の感情が先に立ち、一瞬、心配という気持ちが霞む。

老婆が咳きこみながら体を起こす。私は慌ててベッドの脇にある母用の水筒のフタを開け、差し出して背中をさする。するとそういうのはいらないとばかり体を横に揺らし、少し落ち着いたところで、チビリと口内を水で湿らす。そして、さも飲んだような声を上げる。

「ああ〜！　やれやれ、いい加減にしとくれよ全く〜」と、再び横になりながら目だけをこちらによこし「ねえ、今じゃなくてもいいんだけど、後回しにするとママ忘れちゃうから、聞いていい？　……孫ってなに？」と。

え？　ドキッとしてしまう。私が独身で孫を見せられないばっかりに、母は孫という言葉もわからなくなったのか。仕舞っていたはずの後ろめたさが、前に出てくる。

何気ない感じで返す。「例えばさ、私が誰かと結婚するじゃん。子供産まれたとするじゃん。その子はママにとって孫だよ」

「フハハハハ！　そんな一生ない、もしもの夢物語をこんな真夜中に聞かされてもママ困るよ。その孫じゃないよ、まごにも衣装のまごってなに？　あんたが買ってきたモコモコの服、お姉ちゃん作業所に着て行ったら、友達にえらく褒められたんだって。でね、お姉ちゃん嬉しくて、その言葉覚えたんだよねえ。すみちゃんに教えてあげて」

すぐ横のベッドの掛け布団がむくりと盛り上がる。出番とばかりに、ひょっこり姉が顔を出す。起きていたか。ひとつ咳払いをし、たっぷりこちらを引きつけ言葉を放つ。

「わたしは～すみちゃんの、まごのいしょうをきていますー」

……なんだろうか。無垢な顔して、私の開いた傷口に塩を塗ってくる。ふたりとも若干ぶっとばしたい。

いい加減寝たいなと思いながら、一旦、自室で『まご』をスマホで検索する。『馬子』か。

「馬子は、昔のね、馬に人や荷物を乗せて運ぶ仕事をする人のことだって。身分が低いとされてたんだね。そういう人でも良い服を着たら立派に見えるってことみたいだよ。ってことはさ、目上の人とかあんまり親しくない人に使ったら良くないんだね、へぇ～」と喋りながら戻る。……寝ている。もしくは睡眠のじゃまをしないでくれといったところだろうか。ふたりして、うんともすんとも言わない。……勝手だ。

朝五時。ストン……ストン……とゆっくり階段を下りる母のスリッパ音が聞こえる。実家に戻ったばかりの頃はドスンドスンと怒り任せだった。音に時の流れを感じながら起き上がり、自室のドアを開ける。寝巻き兼、部屋着のケバだった茶色いセーターを着た母が、手すりにつかまりながら、一段、また一段と慎重に下りている。土の塊が移動しているように見える。

「膝痛いの？」

「うーん痛いってほどじゃないよ。上がるのは大丈夫なんだけど、下りるのがしんどいかなあ。歳はとりたくないねえ……ねえ、先行ってくれない？　上からそうやって見られると、プレッシャーで膝が震える」

どんな鬼軍曹だ。そんな圧はないだろう？　見守っているつもりだ。

「膝に力が入らないってこと？　階段幅、狭いからママが戻るか、先行くかしかないよ。私、そんな数センチの崖っぷちみたいなとこ通り抜けられないよ」

「フフフ崖っぷちってフフフ常に人生崖っぷちのあんたが？　フフフ笑わせないで、膝が笑って、ママ、もう動けないフフフ行くも地獄、帰るも地獄フフフハハハ」としゃがみこみ、そろりと足を八の字に下ろし、土石流のように階段をせき止めた。母よ。今のどこに笑うところがあったんだい。つい数時間前とは別の傷口が開く。

そして「はぁ〜あ〜、まいったね〜。そのうち階段も下りられなくなるんかねえ……ねえ、あ！　今日お雛様の日？　すぎた？　ウチにもどっかに七段飾り仕舞ってあるよねえ。あれ、あんた達が小さい頃、月賦で一番安いの無理して買ったんだよねえ。……ねえ……どうでもいいけどさ……お雛様が見る景色ってこんなんかねえ。高いところで動けないってつまんないねえ」と。

お雛様が見る景色。考えたこともない。ひな壇で女王様が見る景色なら知っている。いや、あれこそ必死すぎて何も見えていなかった。そして動けなかった……私はいったい何を振り返っているのか。母の話は続いている。

「人形だって相手がいるよ。あんた結婚できないねえ。ずっと独身？　一生かい？　天涯孤独？　孤独死かい？　ママが死んだらどうするんだい？」

私はこの話題に、こう答えてしまう。

「……楽になるだろうが、もう、うるさい！　なんで朝から階段の途中で結婚、結婚言われなきゃいけない？　ママは初めて言ってるつもりかも知れないけど、ここ最近、これ何週間も繰り返してんだよ！　同じことばっかり！　結婚した人が幸せ？

独身は不幸せ？　誰が決めた？　そもそもここまで結婚に興味がないんだよ。外で結婚したいんですぶるのもいい加減しんどいんだよ。自分の働いた金で、自分の好きなことできたらそれでよくない？　孤独死の何がダメ？」

階段に詰まっていた粘土の塊が、背筋をピンと伸ばしスタスタと足早に退散していく。下りられるじゃないか、バカヤロー。

母を無駄に傷つけ、八つ当たりしてしまったじゃないか……バカヤロー。

自分のご機嫌をとれないまま、朝ご飯と今日分の作り置きの準備に取り掛かる。母が何か言いたげに私の後ろをウロウロし始める。またあたってしまいそうなので、知らん顔を決め込む。だからといってババァがお喋りを控えるということはない。

「ご飯作るなんて、めんどくさいことしなくていいって。それよりお姉ちゃんのマイナンバーカード作れないかな。テレビがね、これから生きていくためには必要だって。ママは老い先短いからいらない」

テレビめ……クソ面倒臭い。とはいえ、母がその気になっている時にやってしまったほうがいいか。腰は重いが「証明写真がいるよ。確かスーパーの横にボックスがあった気がするけど、撮りに行く？」と言ってみる。

「全く世話がやけるねえ。死んだ気で行くよ」
いとも簡単に立場が逆転する。もはや母の特技だ。

お昼すぎ。出発。畑の一本道を時折、重なり合いながら前を行くふたり。畑の土より土色のセーターを着た母が、「晩ご飯は何にしようかね。すみちゃんのご飯？　それともお弁当買う？」。お気に入りの白いボアフリースを着た姉が、「おでんのきぶん～」と。はんぺんと、じゃこ天に見えてくる。

こぢんまりしたスーパーが見えてきた。その脇に色褪せた証明写真用のボックスが設置されている。練り物のふたりが迷う素振りもなく、そのまま真っ直ぐ店内に入って行く。「待て待て待って」と連れ戻し、今一度ここに来た目的を説明する。

母が「えー？　聞いてないよ～。勝手なことばっかり～。写真？　さては、あんたのお見合い用か！　切羽詰まってるからってねえ。何しに来たんだか全く」と店内に後ろ髪を引かれる姉と一緒にモタモタする。

「マイ！　ナンバー!!」

私の突然の点呼をとるような号令口調に、ふたりが肩を寄せ合い、シャキンと背筋を伸ばしボックス前に整列した。……軍隊。従わせた感に凹む。

　大きな説明書きが目に入る。

「九百円。あ、ビューティー加工あるよ。これそこまで古いタイプでもないね。千円。高っ。どうする？　綺麗に撮る？」

「そりゃあ、お姉ちゃんだって美人がいいよねえ。別人みたいになれるかね」と姉の目にかかりそうな前髪を斜めに流してやる。

　別人になったら本人証明にならないだろう。希望のビューティー機能にし、お金を投入する。椅子の高さをあわせ、姉を座らせ微調整し、

「前の黒い画面見て〜。ほら、お姉ちゃん映ってるでしょ。この赤い丸あるでしょ。その中に顔入れてみて」と言うと、赤い枠から少し右にズレる……？

「お姉ちゃん、真ん中だよ」

　姉が「だからぁ、すみちゃんが入らない」。

　母が「せっかくだから、ふたりで撮りたいのね」。

　ツーショットのマイナンバーって何？　機械が待ちきれず「三、二」とカウントし

てくる。

「お姉ちゃん前見ててね」と口早に言ってカーテンをシャッと閉める。

すると「何してんだ！」シャーっと母がカーテンを開け「暗かったら美人にならない！　お化けみたいになるだろうがバカ！」。

機械が「一」カシャ。撮影された写真が画面に表示される。母の横顔と姉の顔に母の手がかかったツーショット。

「ヨロシイデスカ？　ヨロシケレバＯＫボタンヲ」とアナウンスしてくる。

いいわけないいだろう。機械的に進めるんじゃねえと、機械に心で毒づく。食い気味で取り直しを選択する。

二回目。再び「三、二」と容赦ないカウントダウンが始まる。まだ母がカーテンを握ったままボックス内にいる。

「ママ光が入ったらダメなんだよ。お姉ちゃんは前見てて！」納得のいかない母を引っ張り出し、カーテンを閉め、開けられないようそのまま手で押さえる。「一」カシャ。

「よし」っと中を覗く。緊張で石膏のように固まった姉がいる。

「ほら見なさい！　あんたがガミガミ言うから萎縮しちゃったじゃないか！　ね

え！」と母。

「もう一回」と姉。

「撮り直シマスカ？」と機械。

「早く！　お願いします！　って伝えて！」と母……誰に。キャンセルボタンを押す。

ラストチャンス。「お姉ちゃん、笑ってねー」と祈るようにカーテンを閉める。

「三、二」と機械。

「はいポーズ！」と母。

カシャ。どうだ？　そっと母と私で覗く。満面の笑みでダブルピースしている蟹がいる。全滅だ。

消去法で選択した。受け取り口から四枚写真で一シートの石膏顔の姉が出てきた。

本人がそれを見てポツリと呟く。「もう、わたしはおわりだね」と泣きそうだ。

待て待て、たかが証明写真。

「ピースしたしゃしんがよかったの」とも。

「そうか、そうか。ごめんごめん。もう一回撮ろうか、ね」となだめながら母に困惑顔を向けると、いそいそとボックスに入って行く……え？

「ママも？　マイナンバー？　撮るの？」

「バカ違うよ、ママは葬式用！　あったほうがいいだろう？　眼鏡かけたママと、かけないママ、あんたどっちが好き？　拝むのすみだから」

どっちも好きだよ。そしてふたりに声を大にして言いたい。スマホでよくない？

もうマイナンバー申請はおろか、写真も、今日という日も諦める。

「待って、え？　あ！　違う！　だから！　もう！　そんなこと言ったって、急かすな！」と母の奮闘のダダ洩れをＢＧＭに、姉と待つこと数分。魂を抜かれたような呆けた顔の母が出てきた。姉と私で駆け寄る。でき上がった写真を持った母を真ん中に、三人で覗き込む。

眼鏡で半目で薄笑いの母。失神顔が四つ。姉と私でステレオのように笑い転げる。

「これ葬式用？」と確認する。

「ダメダメダメバカ！　死にきれない！」

姉がシートを両手で持ち、太陽に透かすようにして掲げ、きゃっきゃっとはしゃぐ。

「ダメダメダメお姉ちゃん！　返しなさい！　こら！　ダメダメダメ！　全く何しに

来たんだか……あ！　すみの！　お見合い写真！」
「もう帰るよ！」
「勝手ねえ～」と母。
「ねえ～」と姉。
死んだら楽になると言い、死んでほしくない、長生きしてねと思う。勝手なんだよ私。
母はもう忘れただろうか。傷つけてごめんね。

7　エンディングメール

　母の知り合いで、同年代の方やさらにご年配の方が割と立て続けに亡くなった。葬式に行くには遠く、訃報を聞いては「皆、もういつ迎えがきてもおかしくない年だもの」と。そして神妙な面持ちでこう言う。

「こうやってさ、ひとりずつ亡くなって……そして誰もいなくなっちゃう……外国の小説あったよね。何だっけ？　誰の本だっけ？」

　え？　はい？　「……アガサ・クリスティー？」

「そうそれ。そんな感じ」

　全然違う。薄っぺらい頭で当てた自分を心でねぎらう。

「あっち殺人。こっち病気と老衰」と言ったら、

「あんた、それ本当に良くない。人の死だよ。本と現実を一緒にするんじゃないよ。ママだからいいけど、くれぐれもよその人にそういった物言いをするんじゃないよ」

何故、私はたしなめられている。

さらに母がこんなことを言い出す。「最近、やたらに終活？　あとエンディングノート？　ってテレビが言うじゃない？　ママあれ好きじゃない。人間いつ死ぬかわからないのに」

私が「ん？　だから書くんじゃない？　どうしても言っておきたいこととか。財産とか。ウチないけど。残った人が困らないようにじゃない？」と言うと、

「バカ。あんたはホントにメディア？だか何だかにすぐ騙される。元気なときに書いたものと、死ぬ寸前とで考えることが同じかい？　残された人が困る？　こうして欲しい、ああして欲しいって言ったところでできないこともあるだろう。そんな遺志を知っちゃったら生きて残るほうの人が悩むだろう。できそうなことを書けばいいかい？　じゃあ、例えばパクソは昔から自分は墓いらないって言ってるよ。形式ばらずに遺骨は海に撒いてくれって。お金もかからないし、こんな簡単なことないだろうって、バカクソが。かかるさ。良かれと思ってんのよ。あんたそれノートに書いてあったらどうする？　船乗って、どっか荒れた海の中を船酔いしてゲーゲー吐きながらやるのかい？　なんやかんや散骨のルールだってあるに違いないさ。口頭は聞き流せて

も、文字はそうもいかないだろう？」

……急にしっかりしているし、何だか説得力を感じる。とはいえ環境も状況も考え方も皆、人それぞれだ。


そんな母が、時々、脈絡のないメールを寄こす。

『ママがボケたらさっさと施設に入れてね。躊躇するんじゃないよ』

『なんにもなくていいから、ママとお姉ちゃんをどうか最後まで家に置いて放っておいて。大丈夫！　心配なし！』

『ママあと五年は生きると思うんだけど、もしもの時の病院と、死んだらここの納骨堂ね。一番安くて済むから。テーブルの端の、ここに置いておくから』と、写メ一枚を添付してくる。ティッシュの箱にマジックでそれぞれの連絡先が書いてある画像だ。施設パンフレットとかじゃないのか。

『それ、中身なくなって空箱になったら捨てるでしょ』と返信したら、

『あん？　言ってる意味がわからない』と。……急な理解力の低下。……いや、そうかな？

『ホントに？　わかるでしょ。考えるのめんどくさいだけでしょ』と送ってみると、『ばれたあ』と。イタズラな年寄りの顔が目に浮かぶ。なんであれ、生前整理をしようとしているんだなあ。

一番新着でこんなのも来た。

『ママが死んだら気にしない。エンディングノートってその人の情報と想いだから。すみが読んで必要なことだけわかれば、あとは生前そんな風に思っていたんだなあでいいのよ。そんなもんよ』

……書いたら言ってくれ。

そのとき、そのときで母の想いが変わるけど、その都度会話と保存ができるエンディングメールも悪くない。

母よ、大丈夫。そんなに生真面目な娘ではない。だってメール、時々、適当に或いはうっかり削除している。流すの得意だよ。

8　母の自由行動と私の不自由行動

二〇二二年三月某日。

ここ最近ちょっと睡眠不足、ちょっと花粉症、ちょっと膀胱炎でいろいろ重なっているなとは思っていた。でも軽くみていた。

夜中に、小刻みにトイレに行き、便座に座りクシャミをしたら、ギックリ腰になった。……そんなことある？　……いや、ちょっとだ。仙骨辺りの爆弾に怯えながら、ビリビリっと微弱な電気が走る手をペーパーホルダーに、そーっと伸ばす。紙がない。絶望的な気持ちになる。ああ、神よ。いったい私が何をした。……とんだダジャレも相まって、ガックリとうなだれる。

暗闇からシュッシュッと床を擦るスリッパ音がやってくる。母だ。老人もトイレが近い。びっくりさせないように「いるよ。ママ。すみだよ、トイレ入ってるよ」と声をかける。

「え？」と廊下でキョロキョロしているのが手にとるようにわかる。そして「あ、はい、わかったー」とスリッパ音が途絶えた。……スゥゥっとドアが横にスライドする。

「ヒィィィ!!!」お互いが恐怖におののいた顔でのけ反る。

なぜ、そちらもそのリアクション。お知らせしたのに。危機回避できただろう。いや、それが難しいのか。

母が「やめてよぉ～。ママがフフフ腰抜かしたらフフフどうするのぉ～全くフフフ」と床にお尻を落として笑う。

フフフ……すみが腰抜かしたよ……。さあ、どうしよう。

ひとまず花粉症の薬を飲み足し、湿布を貼り、僅かな睡眠をとった。

朝五時。満身創痍で、朝ごはんと今日分の作り置きの支度をしていると、母が「世話がやけるねえ、ほれ、これしなさい。ママはもう大丈夫だから」と。

何枚重ね着しているのかわからないシャツをめくり、ベリベリッとお腹に巻いたコルセットを外し、仰々しくチャンピオンベルトのように掲げる。

半年程前だったか、母自身がギックリ腰になり、もう治ってはいたのだが不安でつけっぱなしの日々を送っていた。

受け取ったそれは、湿ってホカホカでシナシナで薄汚れていた。ぱっと見、しゃくし菜の古漬けのようだ。できればお役御免にしてあげたい。

「お、やっと取ったね。もう一生そのままかと思ったよ。良かった。わ、くっさい。一回洗濯しよう。私、今日中に病院行くから大丈夫。ありがとう」と言ったら、

「ま、ひとつでもママの持ち物で役に立つのがあって良かった。生きているうちに形見分け。よし！　今から、あんたのために散歩行ってくるよ。お地蔵さんとこ回って、早く治してくださいってお願いしてくる」

いつもよりアクティブな母がいる。転ばず迷わず帰ってきて。いってらっしゃい。

三、四十分経つ。……十分くらいの散歩道。ひとつも戻って来ない。

携帯にかけてみる。コール音を聞きながら、玄関のサンダルを突っ掛け外に出てみる。……と、たったこれだけのことが、動けるのだが全てに上手く力が入らず、スローモーションの世界に入り込んだようで、もどかしい。

春を感じさせるような柔らかな日差しの中に、表札の横のインターホンを連打している母が、いた。なんだ、戻っていた。……何しているの？

「あ、すみ。ねえ、押してもスカスカするだけで音がしないんだよ。ピンポン壊れちゃったみたい。マイクもかねえ？　こっちの声が中から聞こえるかやってみたいんだけど、家入って聞いてくれない？」

……今？　……出てくるのが一苦労だったのに？　ため息が出る。鳴らないベルを母がカチャカチャと押し続ける音に煽られながら、のっそり、のっそりと戻る。やっとこさ居間の壁に掛けてあるモニター前に立つ。

通話ボタンを押す。「画面何も映らないね。やっぱりダメっぽいね」と言ってみるも……向こうからの応答はない。届いていない。

すると「もしもーし、ママです。もしもし、すみですか？　おーい！　ただいまテスト中です！　すみ！　おーい！　ギックリ腰はどうですかー！」と玄関外から、母の肉声が聞こえる。拡声器なみの地声だ。ババア元気だな。

「キンコンも大事だけど、腰と膀胱を先になんとかしたいから、修理はもう少し待って！」とこちらも声を張ったら、思った以上に腰に響く。

「あいわかった」と納得してくれた。

十時すぎ。母がどこかに電話をかけている。半オクターブ高いよそ行きの声。

「もしもし、あの、はい、玄関のピンポンが壊れまして……はい、まず見積もりをお願いします。それ次第でけっこうですっていう場合があります。はい、ウチにはお金がありませんから。はい、私は半分ボケていますけど、なにか？　以上で娘にかわります」

かわるんかい!?　とんだ前説だ。電話口の先は電気屋さんだ。億劫ではあったがこちらの状況説明をし、どういった選択があるか聞いていると、横で母が内緒話の声でシャウトする。

「ぼったくりかどうか！　躊躇せず警察呼びますって！　凄みをみせな！」シーっと言うつもりで人差し指一本を母の顔の前に持っていくと、不思議そうな顔でその指の先を、そっと握った。……トンボじゃあるまいし。母がこの指に止まった。

電話を切り「夕方業者さんが来てくれるって。多分、老朽化だから、もし取り替えたら三万くらいみたい」と返したら、

「騙されおって！　ここまでお膳立てしてやってるのにバカ！」と。

出費は痛いし、常に貯金の底が丸見えだ。仕方がない。それにしても我が家のポンコツ家電。忘れた頃に何かしらが壊れる。

「とにかく、先に病院に行ってくるよ」と言ったら、また母が電話の子機を取った。

「こういうときにお金を惜しんだらダメだ。体あってのもんだよ」タクシーを呼んでくれるようだ。

固定電話の前の壁にペタペタと貼られた、いくつもの連絡先を舐めるように見る。

『病院はここ←』『水道で困ったらここ←』『救急でママ倒れたらここ←』『救急車でたらい回しにされそうならここ←』『死んだらここ←』等々。

これは、いつの頃からか、ダメもとで主に父がうろたえないようにしているのだと思う。まず母が彷徨《さまよ》っている。ようやく、黄ばんで端が反り返った細い紙に、太マジックで書かれた、『タクシーはここ←』を見つけた。

最大限の優しい声色で「あ、もしもし、西岡と申しますが、お忙しいところすみません。一台お願いしたいんですけど。半分ボケてますけど予約はできますのでいいですか?」。

先程から、それいる?? ボケていると時々自覚する。ただ認知症という言葉は決して使わない。……いいよ。そんなに頑張らなくて。

整形外科で注射と飲み薬を処方してもらい、泌尿器科までは時間がないので薬局で諸々を揃え、帰宅する。母がいない。また？　どこ？　慣れない体の不自由さに頭も疲れるのか。廊下に立ち尽くす。携帯が鳴る。インターホンの業者さんが数分で着きますと連絡をくれる。その間をすり抜けるように、父が酒を飲みに出かける。神経を逆なでされる。

ツンツンと腰をつつかれる。誰だ？　いい加減にしろとばかりにキッとした顔で振り返ると、姉だ。洗濯して干してあった、まだ生乾きの浅漬け色くらいにはなったコルセットを、織物を献上するかのように掲げている。

「ママの　いっちょうら」と心配とびびり顔で私の顔を覗き込む。……あ、眉間に寄った深い皺を親指の腹でギュギュっと潰しながら「ごめんごめん、ありがとう。難しい言葉知ってるんだね」と母の一張羅を受け取る。ぱあっと姉の顔がほころんだ。

そして「げんきだして。わたしが、いるよ。では、きいてください。……あおげば～とおとしぃ、たかしのおん～」歌い出した。……あ、うん、ごめん。姉の歌声に背を向け、母の携帯にかけコール音を聞きながら、誰、たかしって、と歌も気になる。車が止まる音。業者さんの到着だ。「ここです！　お願いします！」と拡声器レベルの声、母だ。帰って来てる！

玄関のドアを開けると「あら。すみ、いたの？　今ね、お地蔵さんとこ行ってきた。すみの腰が治りますようにって」と。……そうか。そうなのか。また行ってきたのか。おかえり。

ものの二、三十分で新品インターホンが付いた。「留守中の録画録音も勝手にしてくれますよ」と業者さんから機能説明を受け、代金のお支払い等を済ませ、「ありがとうございます」と見送った。

やれやれ。もぅ〜疲れた。今年一番頑張ったくらいの気になる。自室でただただ、じっとしていたい。階段の手すりにつかまり二階に上がろうとしたら、母と姉がバタバタと玄関に向かっている。え？

そして外のインターホン前でスタンバイし出す。え？　……まだ何か？　いやもう放っておこう。絡まれる前に階段を上がってしまおう。気持ちはスタスタとだが、実際の動きは少し注射が効いてきてるとはいえ、やはりのっそり、のっそりだ。

「ねえ、すみ〜！」ほら来た。ババアが呼んでいる。いや、もう無視だ。母が「キンコン、ちゃんと声が聞こえるかどうかやってみたいんだけど。ね、お姉ちゃんも喋りたいよねえ」と。

「おーい、すみちゃーん！」と姉も呼んでいる。……そんなに楽しみなことなの？

「……好きなだけやったらいいじゃん。中で受けるよ〜」と、つい応えてしまう。あーあ。ミイラ取りがミイラになるってこういうことだろうか。違うか。気持ちが干からびているだけか。

スローで移動し、新しく壁にかかったモニター前に立つ。……改めて画像を見ると、ワイドで奥行きがあり、ふたりのシルエットがとても鮮明だ。「わぁ」新しいのって凄いと今日イチでテンションが上がった。

姉が緊張した面持ちで襟を正し前に出る。そして丁寧にキンコ〜ンと鳴らす。

私が出る。「はいー、お姉ちゃんですか？」

姉がキンコン！　と鳴らす。ふたりがきゃっきゃとはしゃぐ。

次に「ママですか？」と聞くと、母が一歩進み出て、キンコン！

「キンコンなおってよかったね」と言ったら、キンコンキンコンキンコン‼　と重なりあいながら連打する。

……喋りなさいよ。使い方が違うよ。

母のかしこまった顔が画面に大写しになる。そして代表スピーチのような面持ちで、「腰は大丈夫かい？　キンコンも直ったし、ママもお姉ちゃんも大丈夫だから、安心しなさい」。

姉がキンコンキンコン！　と鳴らす。

ビデオレターじゃないんだよ。響き渡る玄関チャイム。どアップで覗いてくるふたりの自由人を見て心の底から思う。早く治さないと、私、やられる。

9　カメラマン少女

二〇二二年三月某日、朝六時すぎ。

いつものように台所で作り置きをしていると、母がウロチョロし出す。

「しまったー。うっかりしててさ、昨日お姉ちゃんの誕生日だったんだよ。お祝いしてやるの忘れちゃったなあ。ママ、もうどんどんボケるねえ。ダメだねえ。悪いけど小っちゃいケーキ買ってきてくれない？」

返事に迷う。お祝いしたことを忘れている。

「そうだね。昨日ケーキ食べてたよ。今日も食べる？　お姉ちゃんもママもダイエット中じゃなかった？」

「えー!?　そうだった？　そうかい、そうかい。じゃあいいか。ああ良かった。あ、そうそう、ついでに聞き流してくれていいんだけど、ママ、ここ二、三日ノーパンなんだよ」

不意すぎて脳が迷う。……え？　とこちらが聞き返す前に、さも相槌を打ってもらったかのように話を続ける。

「そうなのよ！　お姉ちゃんさ！　昔からなんでも集めて自分の部屋に隠しちゃうから。見つからないし、本人に聞いても、うーんって生返事ばっかりで。悪いけどパンツ探してくれない？」

狭い部屋だ。二階に上がり、ベッドで寝ている姉を尻目にズカズカと入る。どうせここだろう？　机の引き出しをガタガタと、立て付けが悪いなあと揺らしながら開ける。姉の下着の中から、ほら……別の粗相したパンツが出てくる……予想外。振り返る。様子を窺っていた姉がバサッと布団を頭から被る。勢い余って足先が出る。その脇に数枚のクルクル巻きになった母のパンツが絞り大根のような状態で発見される。

……あった。

鼻と思考を停止し、臭いものもそうでないものも全てを鷲掴みにし、階段を下り、洗濯カゴに放り込み、母に渡す。

「出てきたよ。汚いのもあるし、しっかり洗ったほうがいいよ」

「なんでさ！　パンツ穿かなくたって死にゃあしないさ！　誰が頼んだ？　あん？

余計なことするんじゃないよ！」

二階から姉の声が飛んでくる。「ドロボー！」

割にあわない。……全部はやらないよ。母よ、できるうちは頑張って。

それから姉よ、今まで通り隠しても、今までのようにはママは見つけられないんだよ。……がんばれる？


昼すぎ。庭で伸び放題の草をむしる。ギックリ腰ももう大丈夫そうだ。早い回復。流石、病院。注射や飲み薬、科学の力って凄いなどと思っていると、母がウロチョロし出す。

「あらぁ、ボケの花がきれいだねえ。ほんとはもっと寒い時期に咲いて、春じゃないのにボケてるねえってんで、名前がボケなんだよ。フフフおまえさん、今年はボケることも忘れたんかい？　主役みたいに自信満々で満開だねえフフフボケた婆さんが何言ってんだかフフフ」

老人の自虐に笑いそびれる。何とはなしに、スマホで由来を検索してみる。

「木瓜《もっけ》？？からきてるみたいだよ。もっけ、もけ、ぼけって変化したらしい」と母を見やると、あんぐりと口を開け、銅像のように固まっている。最近この顔をよくする。

「その、なんとも言えないアホ面、どういう顔？」と聞いてみる。

「だってぇ、ママとしたことが、あんたの言っていることが一粒残らず入ってきましぇん」

「いいよ。聞き流してよ」

ちょうど母の背丈ほどのボケの木。コロンと形の良い唇に、上品な朱色のリップを引いた花々が、精一杯の春を告げ、私たち親子を包んでくれる。

すると「パンパカパーン！　パンパンパンパンパカパーン！　おねえちゃんがきたよ〜」と自ら登場音を口にしながら、本日の主役がやってくる。いつになくテンションが高い。

「これぇ〜だれがかくしたのぉ〜？　ないないとおもってたらみつかったの！　びっくり〜！」と大根役者っぷりが光る。

何やら古びた画用紙サイズの厚紙の束を抱えている。カラフルな文字で『カメラマン少女　アルバム』と。

母が「あらぁ、懐かしいねえ。お姉ちゃんが持ってたかあ。中学？　養護学校の頃だっけ？　字も絵も写真もぜーんぶ、自分ひとりで完成させた思い出帳だもんねえ。あって良かったねえ。すみちゃんに見てほしいの？」。

「うん！　ずっとおもってたの。おねえちゃんのれきしだよ。見なきゃそんだよ」

そして「こっちこっち、とくとうせきなの」と縁側もどきに私たちをいざなう。姉を挟んで三人で腰を下ろす。スペースが狭くてギュウギュウだ。

「はじまりはじまり〜。みなさんでぇ、はくしゅ！」

私と母そっちのけで、小さな庭に向かって、見えない観客をあおる。ボケの花々や、雑草や、その他緑の葉っぱが風に揺れ、サワサワと気遣いの拍手をみせる。

姉の歴史。見なけりゃ損らしいので、読者の皆さんも一緒に、ぜひ強制ではあるがお付き合い頂きたい。

「むか〜しむかし、あるところに、わたしんちと、山と、木と、花があります」

表紙いっぱいに色鉛筆で描かれたメルヘンチックな風景画を、ゆっくりとめくる。

3Bくらいの濃さと、姉の筆圧を感じる力強いメモ書きが飛び込んでくる。

【ゴンのウンチしてるところです。】と書かれている。

ネギ畑の脇で、昔飼っていた犬がそっぽを向きながら力んでいる写真が、少しずつ角度を変えて四枚、等間隔に貼ってある。……何となく皆さんは、朝のことといい、姉のアルバムといい、ポンコツ一家ってクソ多めだなと思っただろうか。私は思った。

母が言う。「お姉ちゃんが、カメラマン少女だもんねえ。毎日散歩行って、使い捨てカメラで撮ったねえ。十八年も生きたもんねえ。最後は老衰でね。パパクソがさ、ゴン太が死んだのを受け入れられなくってさ、おまえが面倒見るのが嫌になって、毒盛って殺したんだろうって言いやがって。あれは一生忘れない！」

……頼む。できれば次のページ、【完】という字で終わっていてくれ。姉がめくる指先を追う。

【うんざりのキャベツはたけです】。ひたすら青々とした畑が、何ページにもわたって続く。単調でいささか退屈ではあるが、とりあえずホッとする。

時折【セミと　りっぱなママの足です】【こっそりドングリと　かだんのはなです】【はなみつき　みどころです】。

姉目線のたくさんの散歩道と四季を共に歩く。

「たまに出てくる、花壇とか、大きなハナミズキ、これはどこ?」と聞いてみる。

「ひとんち〜」

なるほど。……時々、不法侵入と盗撮だね。急にドキドキが入り混じる。当時のご近所さん宅だろうか。優しい土地柄で良かったね。

場面が変わった。どこか体育館の壇上だろうか。姉がピンクに金の装飾をあしらった衣装を着て、酒瓶をつきあげ暴れている……ように見える。

【はしれメロスのはっぴようをして森人をしました。おどりおどってげんき100ばいになります。】

母が「お姫様の役で主役だったもんね」と。

森人ではないのか?「お姫様なの? メロスにそんなシーンあった? お姉ちゃんと同じピンク着てる人いっぱいいるよ。この人たちは何?」

姉が答える。「しもじものもの」

違うだろ。いらぬ優劣をつけるんじゃない。

母が言う。「ピンクチーム代表で、お姉ちゃん大事なセリフ任されてたもんねえ。メロスが走ってきたときに待ち構えて言うんだよね。なんてセリフだったっけ」

姉がすくっと立ち上がり、一歩前に出て片手を天に突き上げ、声高らかに叫ぶ。

「みなのものぉお！　カンパイじゃあああ‼」

武将が出てきた。姫要素がゼロだ。庭の木の枝で静かに鑑賞していた小鳥たちがバサバサっと羽音を立てて飛び散っていく。四十九歳の姉があんぐりと口を開け、なんとも言えない顔で振り返る。下っ腹がポテっと重たそうな、年月を重ね瞼の弛んだ小さい瞳のお姫様。

それでもピンクチームの「うぉぉぉおおお！」という雄たけびが聞こえたよ。メロスが走りきる姿が見えたよ。母と私で爆笑しながら拍手を送る。

「つづきまして～」と姉が見せてくれるテイストが変わる。

母と姉のツーショットの数々だ。当時の学校の先生か、仲間のお母さんたちが撮ってくださったのだろうか。

【ゆうえんち　はやくて、のどがしみて　さわがしいのです。いやほどのって、たのしくなりました。】

飛行機のような乗り物にふたり並んで座り、グルグルと旋回している。

母が前のバーを握りしめ、喉がしみるほど叫んでいる。姉がキャーキャー言いながら笑っている。

【おべんとうのじかんです　クライマックスです。】

どこかの高原でレジャーシートを敷き、みんなでお昼ご飯のようだ。

主役の姉は、母に膝枕をしてもらい、おにぎりを片手に、苦虫を噛み潰したような顔でぐったりと仰向けでのびている。

「……どういうこと？」と聞いてみる。

母が「遊園地のときかなあ？　全然違うバス遠足のときかなあ？　なんか忘れたけど、嫌ってほど何かに乗って、酔ったのよ」。

セピア色に褪せた写真の中で、若き母が、今の姉より少し長いサラサラのおかっぱ頭をなでながら笑っている。

「こんどは～、ジャジャジャジャジャーン、ジャ！　ジャ！　ジャ！　ジャーン！」と両手でピアノの鍵盤を叩く真似事をしながら、『運命』の音は口で出し、場面転換を演出する。

【カメラマン少女　いんたいします】なる文字がデカデカと躍っている。

ススキがなびく川辺で自転車にふたり乗りしている後ろ姿。姉にギュッとしがみつかれている背中は、私か。

運動会の飴食い競走で、顔を真っ白にしながらヨタつき戻ってくる姉を、爆笑しながら迎えている、私だ。

居間で「どう?」という表情の姉の横で、何かを食べている私。テーブルの上に転がっている箱の蓋に菅平まんじゅうと印刷された文字が読めた。お土産か。

「ママカメラマン?　思春期の私をよく撮ったね」と言ったら、母が「そうよー全く。気難しくてあんたホントに面倒臭かったんだからあ」。

いつだって大事にしてくれていたことを思い出す。

【さみしいけどさよならです】という言葉を最後に写真が数枚。

教室で、かしこまった顔の姉が、先生から卒業証書を受け取っているところ。

仲間たちと集合しているところ。皆、はにかんだり、バンザイしたり、肩を組んだり、それぞれに可愛らしい。

三月四日祝卒業と書かれ、紅白の紙の花に縁取られた黒板を背に、お母さんたちが並んでいるところ。各々が手紙を持っている。ウチの母が読んでいる番だ。

「なんていう言葉を贈ったの?」

「はて？　こればっかりは本人に聞いてみないことにはわからないねえ」と母。

……だから、聞いているのよ。きっと控えめに、当たり障りのない短めの言葉だったのではないか。

制服姿で花束を持った姉と、おめかしした母がこちらを見ているところ。

ふたりそろってなんとも言えない表情、それはどんな顔なの？

ずっと二人三脚で頑張ってきたもんね。もう少しがんばれる？

姉が静かに思い出帳を閉じた。裏表紙の右下に、割と大きく、

【2があります】

……え？　続くの？

姉が「いまから～きゅうけいです。おまちください！」と二冊目を取りに、駆け足ぎみで家の中へ入って行く。

「いい、いい。また今度でいいよ。お姉ちゃん！　持ってこなくていいから！　すみちゃん草むしり終わらないから！」と言ってみるものの、あの楽しさが溢れ出た背中、完全に聞き流している。

姉の歴史アルバム、皆さんはここまで。

その後、私は、まあ、たまには本人が飽きるまでと付き合っていたら、途中で母が飽き、続いて姉も飽き「すみちゃん　もういいかな」という言葉で終了した。……アルバムで、一回ど突きたい。

夜中。自室のベッドに入りながら、何を見るでもなくネットサーフィンをしていると、母からメールがくる。

『まだ東京？　仕事中かい？　今日はありがとう。お姉ちゃん喜んでたよ。本人はハタチのつもりだけどね、あれは八十歳を超えているよ。もうママと同い年くらいだねえ。ママがちゃんと看取るから大丈夫。ああ見えてパパクソもお姉ちゃんを看取る覚悟はしているよ。パパクソには無理だけど、無理でもそんときは放っておくんだよ。くれぐれもあんたが入ってくるんじゃないよ。これ何回も言ってるかい？　何回でも言うよ。聞き流してくれていいよ。仕事中かい？　気をつけておかえり』

……夜という時間帯もあるのかなあ。何だか泣きたくなるよ。今更だけど認知症だねえ。いつまで母でいてくれる？　ずっと？　最後まで？

頑張ってとも、もう頑張らなくていいよとも、どちらも声にできない。

……とりあえず自分の心の健康のために、私の特技、一日、聞き流すよ。

10
せかいじゅうの葉っぱがみどりいろな理由

二〇二二年四月某日。

もうそろそろ実家に戻り二年になる。初期のちょっとしたゴミ屋敷、床が砂場状態からはとうに脱しているが、まだまだどうにかしたいものがある。

例えばレースのカーテン。黄ばんで、劣化すると縦に裂けるんだなあ。ところどころがもつれ、さきいかがぶら下がっているみたいだ。洗濯したら白くはなったが束がさらに分裂し、細く、まるで……うーん、母はこう言う。「いぼのいとみたい」……糸でいいと思うが、そう、素麺みたいだ。

最近安いのを買った。そうしたら母が自発的に窓を開け、空気の入れ替えをするようになった。閉めるのは忘れる。

どうにかしたいもの、他にもある。

例えば居間にあるプラスチックのゴミ箱。酔っ払った父が時々割るので、その都度買い替えるはめになる。

この間、他の部屋のもついでにと百均で四、五個買った。新品は気持ちがいい。次の日の朝、全てが姉の部屋に集められ床に点々と置かれている。いつもの収集癖を発揮したようだ。

母が笑いながら、「雨漏り部屋みたいだねえ」と。

ボロ家を演出するために買ったのではない。

他にも。例えば私は玄関の下駄箱に何枚ものメモを貼っている。

『宅配はお金を払わなくていいよ』

『すみが帰ってなくてもカギは閉めて』

『困ったら、なんでもすみに電話だよ』等々。

母がそのメモの下に、ひとつひとつ返信のメモを書いて並べてガムテープでとめる。

『サギにはダマされません』

『戸じまりOK、火元もOK』

『あい、わかった』等々。

今朝もふと見ると新しいメモを貼ろうとしている。『昆布のつくだ煮』……なんだこれは？

母が言う。「だって困ったらなんでもすみにって書いてあるから、つい。いつでもいいから買ってきてと思っているうちに忘れちゃうし。ママこれ食べたい」

伝言板じゃないんだよ。古い順に取り除き必要最低限のつもりが、またすぐ増え、短冊みたいになっている。


どうにかして替えたいが、迷うものもある。

例えば母の座椅子だ。固い、重い、シミだらけ。おまけに背もたれが低い、折り畳み式ではないので直角、小さな外国の墓石みたいだ。

ゴミ屋敷みたいになっていたとき、母はここにポツンと壊れたブリキのおもちゃのように座っていた。

「ここはママの砦さ！　捨ててごらん！　頭かち割って死んでやる！」

度々、何度も聞いてきたセリフだ。どれを捨て、どれを残すか。基準は曖昧だが……これは残した。

今はというと、座椅子は相変わらずだ。母は……どうだろう。最近「死ぬ」とは言わない。少しは生きやすくなったのだろうか。いやその言葉自体を忘れているだけかもしれない。

改めて墓石に座っている今日の母を見る。ゆったりサイズの長袖のボーダーシャツ。グレーに、太めの白ラインが入った、横断歩道みたいなババア。何やら庭を見ている。

私に気づき「暇でしょ？　草むしり手伝ってくれない？　あっという間に庭がドクダミだらけ。どうも臭いが嫌い。ママ、コスモスでいっぱいの庭にしたいなあ」と。部屋は掃除しないのに、庭は気になるんだな。不思議なものだなあ。

姉が登場する。

リーダーのごとく「みんなでやればすぐだよ。よし、すみちゃん！　えんじん！」。私の手をとり円陣を組まされる。互いに向かい合い肩を落とし、腰を折り曲げ頭を中に入れる。

「………」と無言で十数秒。とうとう何も言わずに終了し、勇み足で庭に向かう。ただのペアストレッチだ。……エイエイオーとか、ファイトーとかさあ……すかされた気分だ。一旦、姉のはやる気持ちをおさえ、急いで必要なものを買い出しして準備を整え、草むしり開始。

まず雑草を私が抜いていくのを、ふたりが後ろで固唾を呑んで見守る。

「……え？　やらないの？」

母が「やってるよねえ。休憩しながらやるよ。ねえ、お姉ちゃん」と、手をつなぎ縁側に座る。こんなに分かりやすいサボり方があるのか。

取っても取っても生えてくるやっかいなドクダミ。刷毛に液体タイプの除草剤をつけ、葉に塗布していく。根っこが芋づるのように地下で繋がっているので、他の花々を避け、そのものだけ駆除するにはこれが一番効率が良いらしい。ネット調べのものだ。

姉が「それ絵の具？　あーわかったぁ。もしかして、せかいじゅうの葉っぱがみどりいろなのは、すみちゃんがやっていること？」。可愛らしいことを言うなあ。

「うーん、そんな大層なもんじゃない。どっちかっていうとその逆。枯らしてるの」と振り返ると、なんて残忍なと言わんばかりの、若干芝居がかった顔をふたりして向けてくる……うっとうしい。

母が「雑草だって生きているのにねえ。ママはあんたを雑草のように強くたくましく育てたのに、同じ雑草を殺すんだねえ」と。黙れ野次馬。

土を大きなシャベルで掘り返す。途端にダンゴ虫、ミミズ、ナメクジまでもが出てくる。私は虫が大の苦手だ。

母が「ホレ、これ使いなさい」とファブリーズを差し出す。……消臭除菌。

ふといつだったか、実家に戻って早々の頃を思い出す。玄関の三和土《たたき》にゲジゲジが出た。黒くて足のたくさんある高速で這いずりまわる虫。私はその名さえも知らなかった。恐怖で慌てふためく私を前に「どいてなさい！」と母が、シュッシュッとファブリーズを吹きかける。

「ゲジゲジめ！　こんにゃろ、こんにゃろめ、早く逃げるんだよ！　死にたくないだろう？」と外へと追い出す。

母は殺虫剤でもなく、消臭剤でもなく、情をかけていた。

あえてなのか？　天然なのか？　はわからない。なんであれ庭じゅうの虫に情をかけていられない。

姉が歌い出す。「ミミズだーって、おけらだーって、アメンボだーってー、みんなみんないきているんだ、ともだちなんだー」

駆除しづらい。無視し殺虫スプレーを撒く。……静かになったふたりを振り返る。共に口を半開きにして、肩を抱き合いドン引きしている。そんなに？　それどれくらい本気でやってるの？　こちらはテロリストになった気分だ。願わくば家に入っていて欲しい。

少しばかり整えた土壌に、深さ一、二センチの溝を作る。「はい」と姉の揃えた両手のひらにコスモスの種二袋分を出す。嬉しそうに高いところから塩を振る料理人のごとく蒔いてゆく。一緒に土を被せる。

仕上げに母が「よし！」とホースの先を指で潰し水を撒く。……え？

「待て待て待て！　あー……」

ドクダミの除草剤も殺虫剤も、恐らくコスモスの種も全てがごちゃ混ぜに、どこへどうなったかがわからない。何してるの……もう。

『コスモス』と書いて挿すつもりで、小さなT字形の苗のネームプレートも買っていた。使わずじまいだなと思っていたら、姉が「かいたよ〜」と持ってくる。細マジックで『だんごむしさん』『みみず』『すみちゃん』と。でたらめに土に挿しこみ手を合わせる。墓じゃない。

とどめを刺された気持ちで、散らかった庭を完成させた。

さらに数週間が経ち五月頭。時折、新しくなったレースのカーテンがヒラヒラと初夏の風に流され、私は相変わらず何をしているのかわからない時間にフラフラと流されている。

ここ最近、母が毎日言うのだ。

「ねえ、ちょっとこっちこっち、ここ座ってごらん。ママの特等席」と居間の例の座椅子をすすめる。小汚いなあと思いながら座る。と、丁度良い目線に見えるのだ。ところどころに咲き出した赤や黄、青等々の花々が。「歯抜けの虹みたいだろう？」

……独特の例えだ。もうちょっと花足さないとだね。徐々にね。……嬉しそうだね。

ドクダミも、虫も、発芽した小さなコスモスの葉も、適度にみんなみんな生きている。……なんとも言えない。
どうにかしたいもの、しなくて良かったもの、どうにもならないもの。難しいや。
母よ。コスモスでいっぱいの庭、見られるといいね。

11

お風呂記念日

今回は少し長期戦。どこまで遡って聞いていただこう……とりあえずここからお願いしたい。

二〇二一年十月某日。私は午前中の生放送の仕事を終え、地元に戻り駅近くのスーパーで夕飯の食材を買い、袋に詰めていた。メールが一通、姉の通う作業所からだ。私に連絡が来たのは初めてだ。

『突然のメール失礼致します。お姉さんとお母様の件でご相談したいのですが、できればお母様には伏せてお話は可能でしょうか？』といった文面。……何かやらかしたのだろうか。……え？　どっちが？

具体的な内容は書いていない。『急いではいない』『ご都合の良いときで』という文字を目にするも、『暇です。いつでも暇です。すぐ行けます！』と前のめりな返信をして、その日の十七時に都合をつけていただいた。全てメールでのやりとりなのに、壁に向かってペコペコとお辞儀をしていたようだ。いつの間にかまとめた買い物袋を腕にぶら下げ、シュッと斜めに飛び出ているネギ二本が私の『すみません』と一緒にお腹辺りで折れ曲がり、少々臭い。

カフェで時間を潰す。急なケガや事故ではないようだ。……ウチが加害者側だろうか？　いや、姉も母も他人様《ひとさま》を攻撃するタイプでは決してない。特に姉はのんびりと穏やかだ……と思う。

ポケットで携帯が跳ねた。電話、母からだ。飛びつくように耳に押しあてる。

「あ、すみ？　ごめんごめん。今、時間ある？　あのね、ママさ、人生でひとつだけ後悔していることがあってね」

「……うん。どうした？　なんかあった？」

「いやさ、すみこって名前。ずっと思ってたんだよ、ダサいって。《こ》がなかったら良かったんだよねえ。痛恨のミスだよ全く」

頭が上手く切り替わらない。どうやら全く別の話のようだ……名前？　すみこ？……今更、どちらでも、なんでも良い。小さな鼻息が聞こえる……電話の向こうで私の返しを待っているようだ。

「ダサいの《こ》かなあ。《すみ》のほうじゃない？　おすみさんとか、イメージがなんとなくババくさいじゃん」と言ってみる。

「ハァ〜。よくそんなことが言えるね。すみこって名前はあんたひとりじゃないんだよ。全国のいろんなすみこが可哀想じゃないか！　知られなきゃ何言ったっていいのか？　その腐った性根、最低だよ。でも、そんなに親がつけた名前に不満があるならしょうがないねえ。確か、役所行って事情をわかってもらえたら変えられるよ。あんたが好きな名前にしたらいい」

いつ私がごねた。子供を諭し、物分かりのいい母親面をした顔が目に浮かぶ。

「すみこでいいよ。後悔しなくて大丈夫。もうちょっとしたら帰るね」と電話を切った。……いつもの母だな。では、いったいどんな問題が起きている？　気持ちを改め作業所へ向かう。淡いオレンジ色の線が目減りしていく空に、心許なさを感じた頃、到着。

日焼けした、にこやかな笑顔の男性職員さんが出迎えてくださり、そのまま面談となった。ああ、姉がウチで楽しそうに噂する中のおひとりはこの方かななどと想像する。挨拶もそこそこに遠慮がちに話を切り出される。

「あの、ご家族のことを書かれたネットの記事らしきものをですね、ちらりと拝見しまして、あれはどこまでが本当ですか？」

……え？　……あ……月一回ｗｅｂで連載している。……『ポンコツ一家』と称し、日々ウチの中で起きているゴタゴタを書いている。それか？　ちなみにこの書籍はそれが基になったものだ。或いはそれにまつわるネットニュースのことか？　どちらにせよ、ゲゲッ……問題は私か？

「どこまでも事実です。むしろ縮小版です。すみません。何かご迷惑がかかってしまってますでしょうか？」

「いえいえ。そうしますと……お家は大丈夫ですか？」と、少しのやりとりをする。

姉を取り巻く家庭環境の現状確認、そして私がそれに対してどう考えているか、今後どうしていきたいのかを把握しようとしてくださっているようだ。なんて有り難い。ホッと胸をなでおろす。

私は、ここぞとばかりに頭に浮かんでくる限りを吐き出してゆく。

「姉と母がお風呂に入りません。これに私はノータッチです」やら、

「姉のことで、母と父が毎日揉めます。父が母をなじります。私はノータッチです」

やら、「父が一番面倒なのでノータッチ」「家族の先々を考えることがしんどくてノータッチ」……あれ……思った以上にだいたいノータッチ、ノープラン。「お手上げです」と長く喋り散らかし、ぶつ切りで閉じる。

するとこんな支援もありますよと提案してくださる。

例えば職員さんが姉を銭湯に連れて行くこともできる。「ええー!?　そうなんですか?」と思わず声を上げる。

例えばグループホームから作業所へ通うこともできる、ただし人気があって順番待ちにもなる。「へぇ——!」

例えば母が倒れて、緊急で姉を家に残せないときは連絡し一、二泊できる施設もある。「わぁ〜〜!」

「いかがですか?」

「最高です。でも気になるのはお値段です。ちなみに銭湯をお願いするとしたら?」

「銭湯代+付き添いで一回千二百円です。作業所にもお風呂があるのですが、そちらでも良かったら二百円です」

「わぁ〜、ぜひ!」と通販番組のようなリアクションになってしまった。わざとではし訳ない。

ない。職員さんが何も知らない私に、ざっくりと説明してくださったというのに、申

「でも、お姉さんはなんでお風呂を嫌がるんですかねえ?」と聞かれる。

なんでか……ふと以前、父と母がそれについて揉めていたことを思いだす。

父が「うるせえ!　風呂に入れって何時間言ってんだ!　まずお姉ちゃんが、なぜ風呂に入らないか、その理由を汲み取ってやるのが親の仕事だろう!」。

母が「うるさい!　理由?　ご飯食べて、テレビ見たら、眠たくなったからそのまま寝たい、面倒くさいってだけだよ!　こっちは何十年も親やってんだよ!　ウ○○がべったりついた尻拭いてみろ!　心汲み取る前にパンツからウ○○汲み取ってみろ!　汚れ仕事は全部私さ!　そうだろ?　お姉ちゃん!」。

姉が「そのとおりなの!」と勇ましい顔を見せる。

勢いに押されて合わせてんじゃないよ。

それにしても汲み取りという言葉を捉えて、切り返す母。こういう頭の回転はまだできるんだよなあ。……ハッ、質問されている最中だった。

「多分、面倒なんだと思います」簡略化しすぎてぶっきらぼうになる。

職員さんが「ではまず作業所のお風呂から試してみませんか？　週一回から始めて様子を見るのはどうでしょう？　で、今日すみこさんとお話したことは内緒で、こちらからお母様に提案してみましょうか」。

神様に見えた。母を立ててくださっている。

感謝を伝え、家路に向かう道はとっぷりと日が暮れていたが、気持ちには灯《あかり》がともっていた。

ただ、すぐにとはならなかった。先にも述べたが、少し長期戦なのだ。

なんだかんだと母が渋り、年が明け、桜も散って、私の淡い期待もとうに失せていた。その間、ウチでの風呂回数ゼロではない。ふたりとも月一回シャワーは浴びる。湯船に浸かるのは見たことがない。姉が一枚のメモを私に渡す。『あんしんしてくださいひきずられてもはいりません』

虐待ではないか。もちろん誰もそんなことはしていない。

二〇二二年六月某日。動きがあった。

どこから引っ張り出したか、とろろ昆布のような風合いのサマーセーターを着た母が「作業所に面接行ってくる」と玄関で靴を履いている。

こっそり職員さんに連絡をもらっていた私は「ついでに行くよ〜」と後を追う。

母が振り返りながら「えー？　無職になんのついでがあるの？　いいよー、結婚できず、実家に引きこもってなんもしてないなんて話になってごらん？　さすがのママもフォローできないよ。他人は平気で心に土足で入ってくるから、あんたが傷つくだけだよ」。

身内が一番土足で蹴りを入れてくる。

そして、びっくりすることが起きたのだ。

到着し、小部屋に通していただいた。職員さんが姉の作業所での様子を報告してくださり、母が姉と私の幼少期の思い出話を報告する。

職員さんが頃合いを見ながら「お風呂はどうですか？　もし大変そうでしたら、女性職員がこちらで支援しましょうか？」と織り交ぜてくださる。

「あら、お願いします」

!!?　え!!?　耳を疑った。こんなにすんなりと!?　機嫌が良かったのだろうか？　物分かりが良いふうを見せたのだろうか？　なんでもいい。表に走り出て『勝訴』と掲

げたかった。

帰宅してすぐ、来《きた》るお風呂記念日に備えて、持ち物を準備した。

シャンプーやトリートメント類を百均で買ったカゴに入れ、姉の好きそうな花のキラキラシールを貼った。

母が姉の新しい下着にマジックで名前を書いた。

姉がマジックで『パパへ　なにかしなさい　なにもしないはおかしいですよ』と書いたメモ紙を父に渡した。

父が「おまえが書かせたんだろう！　汚いまねしやがって！」とわめき散らし飲みに出かけた。母にとっては濡れ衣だ。それでもなんでも、私は浮かれた。

そしてついに姉は風呂に入った。

その日の真夜中。私は仕事で帰宅が遅くなった。電気の消えた階段をそっと上がる。自室のドアに張り紙が二枚、ガムテープで留めてある。目を凝らす。

「『無事、入浴。お姉ちゃんが作業所でお風呂に入った、第一号！』」という文字を、いつの間にやら背後に立った母が自ら朗読する。え？　ビビる隙も与えず続けざまに姉が、「『ほめてやってね　だいいちごうホームランです　きねんびです』」と自身のメモに声を弾ませる。第一号という誤情報はあるものの、……あんたら、起きて待っていて……各々のメモを読みあげたら、それはもう会話だよ。

思いっきりハグしようと、オーバーに両手を広げてみせる。

姉が「オッケー」と私の右手を取り、残りの手で母の左手を取る。姉が真ん中で三人横並びになり、そのまま何度も腕を端から端へと上下にくねらせる。ウェーブだね
……これはもっと大勢でやるものだろう？　粛々とひとしきりやった。

そして母と私で代わる代わる、姉のサラサラな髪を撫でた。


後日。突然、母はひるがえった。

「ママ、後悔してもしきれないことがひとつある。お姉ちゃんの入浴。あれは実験だよ。ウチはおとなしいからね。まずお姉ちゃんで試して、上手くいったから、今じゃ、三、四十人次から次へと団子状態でギュウギュウ詰めで風呂に入れられてるんだよ」

実験だなんて、全くもって事実無根だ。いい加減腹が立った。

「なんで人が親切にしてくれることをそんなふうに言うの？　お姉ちゃんも風呂楽しそうじゃん！　ママも助かるじゃん！　……ねえ、ずっとこの先もそうやって、ママなんにもできなくなってもお姉ちゃんを囲うの？　それ誰のため？」

「バカ！　騙されおって！　お姉ちゃんひとりのためじゃないんだよ！　これは障がい者、作業所の！　日本の！　障がい者全員のためなんだよ！」

何団体の代表だ。

さらに「そうか！　さては、あんたも悪巧みのひとりか！　ママがなんにも知らなきゃ何してもいいんか！　いつからそんな性根が腐った？　作業所であんた何言った？　何した？　この嘘つきが！」。

鋭かった。……すみこが撃沈した。

愚痴り屋の私は、皆さんに聞いていただいているここまでを数少ない友人に電話で聞いてもらった。たびたび私の心を支えてくれる友人は重度障がいの子を育てている。

「話聞いてるとさ、すみちゃんとこの作業所は良さそうだなと思うの。いい職員さんだと思う。でも世の中、残念だけどそんな施設ばかりじゃないんだよ。大事な娘を預ける不安、不信感は根っこにあると思うよ。親だもん。そこが妄想とごっちゃになって出てくるんじゃないかな。お母さん、気分や機嫌だけで言ってるわけじゃないよ。でも、そのサービス利用できるといいねえ。なんて、勝手なことばかり、知らないのに偉そうにごめんね」

……いや、ありがとう。友人も母も深い。私は浅い。母よ。知らないのに偉そうにしてごめん。

以来、母は入浴支援に断固として首を縦には振らない。

嘘はついていない。黙っていただけだよ。言い訳かな。騙したりしないよ。今までもこの先も。

純子って書いてすみこと名付けてくれたでしょ。純粋な、ありのままに、偽りのないでしょ。

……すみこを、もう少し信用してよ。

12 添え割り箸

時々、玄関にある花瓶に活けた生花と一緒に、しれっと百均の造花が混ざっている。……いくら本物みたいだとしても、そんな支柱もなしに上に伸びる朝顔のツルある？　と、凝視してしまう。

後ろから母が「いいでしょ〜。ちょっと加えるだけで全体のバランスが良くなるのよね。花高いから、もう買って来なくていいよ。造花があるから、これで十分」と。……心から言ってくれているのはわかるけれど、もう少し量があったらいいなと思っているということでしょう？

花好きな、活けるのが上手な母。それくらいのことは叶えてあげたい。私はできる範囲で安い生花を買い足す。

時々、庭の花が寿命や、季節ごとの暑さや寒さで枯れてしまう。そこにしれっとチューリップと、よく見るとほおずきが真っすぐにぶっ刺さっている。……季節感。いくら植物にさほど興味のない、家の中のことで手一杯の私とて違和感を覚える。

後ろから母が「なーんもないよりは色があっていいでしょう？　もう日本の気候は昔と違っておかしくなってるから。生きている花はいらないよ。これで十分」と。

……でも、その挿してあるところに花があったらいいなと思うのでしょう？

私はだんだんと造花に勝手なプレッシャーを抱きながら、作りものを抜き、本物を入れる。


時々、大雨や強風で、私が植えた花が横倒しになる。そのうち雑草のほうがグングンと伸び生い茂る。その中に埋もれ枯れてしまった植物が割り箸七、八本で器用に添え木されているのを見つけ、ギョッとする。見渡せば同じようなのが数ヵ所ある。日本庭園の松の老木が添え木してあるのは見たことがあるが、添え割り箸は初めてだ。何か野生動物捕獲のトラップにも見える。

後ろから来た母が私の横に並び「生き返るかもしれないだろう？」と。それから毎日、老婆は庭に出て、せっせと植物を見守り始める。すると添え箸なしで生きていけるほどに復活した。へぇ〜凄〜い。しかも新たに幾つかの、名前は知らないが薄ピンク色の可愛らしい花を咲かせた。私は居間の座椅子から母が見やすいように、周りの雑草を抜いて庭を綺麗にした。それを愛でる嬉しそうなシワシワの顔。こんな母を見ると実家に戻って来て良かったな、私はこれで十分と思ったりする。

そして次の日の朝、雨戸を開けたら、草の生えていない土のところどころに造花を挿しているババアを目撃する……ギャフン！　先程の私の思い、嘘ウソウソウソ！　いや全くの嘘でもないけれど、全然、全然十分なものか！　危ない。私、大人だから、ついうっかり、めでたしめでたしにするところだった。

13

お中元とウナギ

二〇二二年八月初旬、某日夕方。

暴風雨。二階から見通せる畑一帯が、牛丼のつゆだくのようにヒタヒタに浸かっている。

母が作業所に姉を迎えに行ったきりだ。まだ待つか、動くか。決めきれず玄関外に出る……雨しぶきに目を凝らす……いた。

正面の道路を向かい風と叩きつけるような雨に煽られながら、お気に入りの赤い傘をつぼめ、ジリジリと前進する小柄なぽっちゃりさん、姉だ。……頭から工事中のパイロンをかぶっているのかい。

その少し後ろから、反り返った傘に翻弄され、ジワジワと後退している、もう一回り大きなぽっちゃりさん、母だ。……パラボラアンテナを背負っているのかい。

あんたたち、特に母よ、傘を手放しなさい。危険だろう。急いでずぶ濡れの散らかったふたりを回収しに行く。テンパったババアのほうが軌道に戻すのが難しい。何故かパラボラを死守し私から遠ざける。……どうしたいのだ。ビッチョビチョになりながら、体ごとふん捕まえるようにして連れ戻す。そんな中で「お姉ちゃんは？　大丈夫かい？　なら良かった！　すみ～、なんでぇこんなことになってるんだい？」と。こちらのセリフだ。

雨を締め出し三人で飛び込むようにして家に入った。

下駄箱の上に用意しておいたタオルをそれぞれに渡す。姉は顔を拭き、私は……全部脱いだほうが早い気もするがひとまず雨水が滴る自分の服や腕を拭う。一番びしょ濡れの母はそんな私たちを見ながら、自分のタオルで姉の頭をワシャワシャと拭き、「やれやれ、あんたたちは世話が焼けるねえ。まあ、無事でなにより。ごくろうさんでした」と。どの面で言う。なぜ出迎える側で喋るのだ。おい、セリフ泥棒よ……おかえり。

八月中旬、某日の日中。緩めの岩盤浴ですかと言いたくなるくらいの気温と湿度。この時期毎年、母は知り合いに千葉県産の梨を贈っているらしく、郵便局に自転車で行ったきり戻って来ない。携帯にかけてみる。ツーコールで出た。

「暑い〜。あ、すみ、良かったー。今、電話しようと思ってたの！　ねえ、ママ今どの辺かしら？」それが知りたい。

私はなるべくゆったりとした口調で、何が見えるか、目印になるものはあるかと聞きながら、小走りで庭先に回り、自分の自転車を出す。

携帯をスピーカーフォンにし前カゴに入れ、母のライブ実況を頼りにペダルを漕ぐ。


「いつの間にか行けども行けども畑ばーっかりで、人も家も郵便局もなーんもないんだよ。でも横っちょに自販機があってさ、そこで缶コーヒー買って一休みしてるとこ。あーあ、いやんなっちゃうねえ。ママ考え事してたんだよ。梨がね、台風被害かなんかで、ママがいつも贈っている品種が今年はないんだって。で、それと近い味が新高《にいたか》って品種なんだって。新潟の梨なんだってさ。ママの知り合い新潟の人なんだよ。新潟の人に新潟県産の新高を贈ったら変だろう？　え？　郵便局情報だよ。ギフトセットって選べるやつあるだろう？

え？　違う？　違わないよ。ママ前もって電話で聞いたんだよ。忘れてない、あってる、覚えてるよ。え？　情報だろう？　状況？　目印？　ああ、ここ？……だからなーんもない、あ……向こうから自転車、立ち漕ぎした子が来るよ。おぅおぅ、この暑いのにそんなに急いでどこに行くのかねぇ。あ！　ママ、あの人に道聞いてみるよ！　これ逃したらいつ人が来るか。おーい、すみませーん！すみま、すみま、すみに似ているすみがいるよ、あ？　すみ⁉が来ぃたぁぁ⁉　〜あ〜れまぁ‼　あんた、そんな汗だくでどこ行くの⁉」

……どこって、ここだよ。もっと早く気づけババア。「ハァハァ」と吹き出す汗が止まらない。黙って実況を聞いていた訳ではない。ちょこちょこと「ママ……ママ……聞いて……他に……うん……梨はいい……うん、梨は違う……いったん梨忘れて。梨の情報じゃない……違う、そこの状況……ママ、すみ見える？　……自転車……いるよ……まっすぐ遠く見て……ママ」と差し挟み、おーいとばかりに片手を振っていた。

そうしたら母が首に巻いていたタオルを外し、脇道からこちらに向けて片手でポンポンを振るような仕草で「すみませーん！」。肉声と携帯とでスピーカーのように挟み撃ちしてくる。新手のヒッチハイクか。

畑だらけの中の母は見つけやすい。そう遠くへは行っていなくてよかった。

「惜しかったね、郵便局、方向はあってるよ。もうちょっと先じゃない？　行こう」

と声をかける。

「え〜、この日差しの中？　何しに行くの？　勘弁してよ〜。年寄りをこき使って、しょうがないねえ」とグイっと残りの缶コーヒーを飲み干す。……あんなに梨を力説していたのに、もう目的を忘れてしまったか。黙って見つめていたら、母がハッとした顔をする。

「あー　そうか！　そうだよね！　ごめん！　全部飲んじゃった！　あんたは水ね。脱水になるからっていつも言ってるもんね。はいはい」ペットボトルの水を一本買って、私に渡してくれた。そこじゃない……やら思うことはあるが、真っすぐな眼差しを向けてくる母に、なんだかつい「ありがとう」と返す。

ふたりで水を分け合い、再び郵便局へと頭を戻す。

「こっちじゃない？　多分あってる」という母のあやふやな案内に付き合いながら、なんとか到着。駐輪場に自転車を停め、入り口に立つ。自動ドアがブゥーンと古めかしい音を立て、サーっと冷気が迎えてくれる。

「ヒャー、涼しい。天国だね。動きたくない～。あら～空いてる。ここで一泊したいくらいだねえ」と母。同感だ。親子で汗まみれのTシャツの胸元をつまみパタパタと扇ぐ。

窓口の女性が応対してくださる。黒髪を後ろに束ね、飾り気のないキチンとした感じが、逆に眩しい。母が手順を教わりながら、ギフトの申し込み用紙に記入していく。梨の品種を選択しチェックを入れる欄で、ふと手が止まる。

「あの～新潟の人に新潟産の新高の梨を贈るのはどうかと思って」と遠慮がちに話し始める。……出た。

窓口の女性は一通り聞いてくださりながら、少し何かネットで検索し「大丈夫ですよ。おっしゃる通り、新高はもともと新潟と高知の交配種みたいですね。でもこちら九月下旬発送予定のギフトセットは新潟産ではなく、千葉で作った新高です。例えば、お米のこしひかりも全国いろんな県で作られていますよね。あれと同じとお考えで良いかと思います」とニッコリされる。

母が「あん？　なんで大丈夫ですか？　じゃあ私は、新潟県でも新高を作っているのに、わざわざ千葉県で作っている新高を千葉から新潟に贈ろうとしているってことだろう？　そんなバカな話あるかいな。ねえ、すみ、そうだろう？　ママ間違ってないよねえ」と。

……え？　……どっちもニイニイガタガタうるせえと、話半分以下で聞き流していた。無論、郵便局の女性は何も間違っていない……いや、どちらもあっているのではないか？　それに母の頭は今の私よりずっと回転が早い。いやいや、そんなことより、まずい、このままでは母がクレーマー。私も頭を回せ。

「ママ、梨じゃなくても良くない？　違うフルーツとか名産品もあるよ」と、傍にある透明のラックからカタログ冊子を引き抜き見せてみる。だが毎年、贈っているのは梨だから替えたくないと頑なだ。

するとと女性が「もしよろしければメッセージカードをお付けしてはどうでしょう。日頃の感謝の気持ちとか、お祝いの言葉とか、なんでもここに書いて、お心添えしてはいかがですか」と母に説明してくださる。おお！　ナイスです！　心で一緒くたにニイニイガタガタ呼ばわりしたことを深く反省。

すると母が「そうですね。はい、書きます」と、小さなカードとボールペンを受け取り、時折、思案顔で斜め上を見やったりしながら一語一語したためた。ギフト用紙も仕上げ「お願いします」と提出した。

「はい、承ります」と目を通す女性の顔が一瞬、緩んだ気がした。私も渡ったカードを覗く。

達筆で『あとで電話します』。……メモだね。これ、いる？

「やれやれごくろうさんでした」とありがとうが下手くそな母が私を労う。

成し遂げたような顔の母が、可愛い。……順調に元気にボケていっているね。……さて、帰ろう。

八月下旬、某日の昼前。巨大な漫画の吹き出しのような雲が空を占拠している。

今日はコロナ禍に入ってから初の親子ふたりでの外食。老舗料亭で、母の好物ウナギのランチ予定だ。「私にしては大ー奮ー発ー！」とあの雲にセリフを入れたくなる。

あまり外出したくない、外食などもってのほかという母を連れ出すのは手こずった。最後は半分ケンカ腰で説得し、今、やっとタクシーの中で、私の隣にシワシワに渋々も足した顔でおさまっている。

「運転手さん」と母が話すターゲットを絞る。

「遠いでしょ？　行きたくないですよねえ、すみませんねえ。娘がね、ウナギ食べたいってわがままで。でも彼氏もいない、友達もいない、ひとりでは寂しいからついてきてって言うんです。お金もないんです。予約キャンセルしたら、食べなくても代金は取られるんですって。どうしてこう後先考えず行動してしまうのか。無謀ですよね、ね！　ほら、運転手さんが言ってる！　間違いない！　すみません、今から引き返してください。全部なかったことにします」

うんともすんとも言っていないおじさんが巻き込まれている。

私たち親子をミラー越しに見ながら、ゴマ塩頭をポリポリとかき、

「いや～ウナギなんて、うらやましいですなあ～。親孝行じゃないですか～。あそこは美味しいって評判のお店ですよ。私が代わりに食べたいくらいですよ～ハハハ～」

と車内が和む。感謝だ。

母が「いや～ウナギを私の身代わりで娘と食べるんですか～。けっこうです～ハハハ～」と。下手くそ。陳謝したい。

その後も「ハァ――――」を繰り返し、この並縫いのような「――――」で

り着いた。

雑巾三枚は縫えるなと、いよいよ私の頭の想像がおかしくなった辺りで、ようやく辿り着いた。

灯籠《とうろう》と笹の葉音に誘われ、石畳を踏み、歴史と奥ゆかしさを兼ね備えた隠れ家のような佇まいに「ほぇぇぇ」と母が間抜けな声を漏らす。引き戸を開けると、お着物の女性数人に「いらっしゃいませ」と出迎えられ、振り返るとババアが置物のように固まっている。……リラックス。

開放感のある座敷に通され、立派なテーブルが数台、すでに一組のご家族が食事を楽しまれている。

仲居さんが「どうぞ、空いていますので広いお席をお使いください」六、七人が囲めそうな重厚な長テーブル。向かいあわせで座る。母との距離が遠い。

「すごっ。ちょっとした最後の晩餐みたいな机だね」と言ったら、

「え？　ちょっとした最後の婆さんがなんだって？」と。

違う。それはいったいどんな婆さんだ。でもちょっと惜しい。

真ん中にアクリル板の仕切りがあるせいか、余計に互いの声が届きづらい。

母がモジモジしながら言う。「その仕切りなんとかならないかねえ。……ママ、死

刑囚の面会に来たみたいで、落ち着かないよ。横に並んで食べたらダメかねえ」誰が罪人だ。仲居さんに聞いてみる。今の状態がベストだが家族ならばＯＫと。

そして「入り口より、奥の景色を見ながらのほうがよろしいかと思います」と庭が眺められるようにしてくださった。私の隣に母が来た。緑の芸術を厳かな気持ちで眺めると、その手前に先程の一組のご家族がいるので、私たち親子が監視しているようになる。

母が「落ち着かないったらありゃしない。やっぱり逆にして」と。あちらのご家族のセリフだとも思う。仲居さんを呼ぶのも申し訳なく、自分たちで椅子を逆にし、ふたり並んで座った。

そこへ新しいお客さんが一組、また一組と入って来る。私たち親子で受付ボランティアをしているようになる。

「じゃあセ～ノで、この机を持ち上げて斜めにしてさ」と母が立ち上がろうとする。老舗料亭で模様替えじゃないんだよ。

そのくせ、私がなにか返す前に「シー、いやダメダメ。もう他所のお客さんの邪魔だから余計なことしないの。静かにしてなさい」と……母が言う。おい。共犯だろうが。結局、もとの向かい合わせに戻る。確かにこれがベストだ。

お重が運ばれてきた。ふたり同時に蓋を開ける。「ん〜」と声を重ね、立ち昇ってくる香りを吸い込み目を瞑り、そしてそっと瞼を上げる。まだ母が瞑っている……待つ……黙想レベル。

そしてこれまた示し合わせたかのように親子でシンクロしながら、一口を頬張った。

母が「フワフワ〜、甘じょっぱいタレもしつこくなくて上品。脂の乗りも程よくて、ウナギ本来の味が楽しめるねえ。そしてこの米だよ〜。一粒一粒の風味？　力強さ？　存在感があってタレが染みているのにベチャベチャじゃない。最高に美味しいです！」と。

なんですか、その物凄く饒舌な食レポは。驚いてしまう。ウナギで認知症って治るのかな……。それなら破産してでも毎日連れて来たい。

頃合いを見て、母が値段を気にしないようにと、トイレに行くついでにお会計を済ませる。……ひとり五千円。おお。知っていてもビビる額。改めて思う。ごめん、破産は嫌だ。がんばって一年に一回、次は姉も。……今回、ふたり同時に連れ出す労力と……お金をケチってしまった。バカだな、せこいな私は……きっと母は姉も一緒が良かったに違いない。自分にがっかりしながら廊下を戻っていると、ふとその先の奥のほうが騒がしい。「お客様、お客様、どちらへ？　そちら裏口です。お客様⁉」と仲居さんが誰かを制止している。え⁉　母だ。

慌てて走り寄る。「もう！　フラフラどっか行ったらお店の人にご迷惑でしょう！トイレと間違えたんだと思います。本当にすみません！」と……母が言う。

黙っていると「わかってる！　すみの気持ちの代弁！」……そうなの？　数々のセリフ泥棒。だとしたら人の気持ちにとても敏感だ。……認知症が邪魔をするけれど、素敵な年の取り方をしているね。

席に戻りデザートとお茶をいただく。ホッとひと息つきながら母を見ると、困ったような、ともすると泣き出しそうな顔をしている。

「ん？　え？　なんで？　どうした？　トイレ？」と聞いてみる。

「違う……だってぇ、お金なくて、あんたどっか裏口から連れて行かれちゃったかと思った」

どうしても私が捕まるようだ。

帰る道すがらデパ地下に寄る。姉のお土産弁当を選びながら、母が言う。

「やれやれ、あー疲れた。親孝行ごくろうさんでした」とこちらを見ない。

……私の気持ちに付き合ってくれたのか。ありがとう。と口には出さない。だって照れくさい。

なんだ、私も下手くそだ。

14 豆腐の角に頭ぶつけて

二〇二二年八月某日、朝八時すぎ。

新宿発、特急あずさ号にて。ひとり旅に浮かれ、景色が良くなってきたら食べようと思っていた駅弁を頬張っている。タコ飯が美味しい。ものの二、三分で平らげる。マイボトルに入れてきたアイスコーヒーをグビグビ飲んでは「くぅぅぅ〜」「プハァア〜」と手の甲で口を拭い、やんちゃな顔をしてみる。薄《うっす》ら窓に映る自分をチラ見する。どちらかというとやっちゃったみたいな顔だ。やり慣れないことをしたので中年の表情筋が戸惑っている。

ひょいと頭を高くし、見渡せば一車両誰もいない。そしてグリーン席。「ウェーイ」とボトルを掲げ、改めて一泊二日私の夏休みに乾杯！　と胸中で唱える。

五分後、パラパラと数人が乗り込んで来る。ドアが閉まり、ゆっくりと新宿駅のホームが後ろに流れ始める。旅の醍醐味のひとつである駅弁が、もうゴミになっている。出発まで待てなかったのかい？　私。

若干のテンションの空回りはあるけれど、今回は息抜きの話と、少し息の抜けない話。交互に出てくる。ついてきてほしい。

窓枠に頬杖をつき、この旅でやりたいことを反芻する。

まず車窓からぼーっとひたすら大自然を眺めたい。

そして、見知らぬ土地で温泉や美味しいものを食べて、リアクションをせず黙ってダラダラしたい。

後は……なんだ。何がしたい？　……ひとまずお金と家族を忘れたい。

……と思った瞬間、数日前の実家の風景が蘇る。……しまった。

脳が私を真夜中の二階の自室に引き戻していく。早速、少し息の抜けないほう。

「あー！　もう腹が立って腹が立って、頭がおかしくなりそうだよ！」と地団駄を踏む母に、これ以上？　と思う自分が後ろめたい。

「見て！　これ！　ママの財布とお姉ちゃんの貯金箱がすっからかん！　パクソが根

こそぎ持って行きやがった。ぜーんぶ使い果たして飲んで帰ってきたから、今怒ってたんだよ！」

　これ、この一連、時々ある。ただでさえ痩せた油揚げのような長財布なのに、父はそこからお金をかすめ取っていく。でも姉のも？　作業所で働いて得たお金を？　その一線は越えていないだろう？　階下から父の怒鳴り声がせりあがってくる。

「今更なんだ！　借りただけだろう！　何が悪い？　ボケに用はないんだよ！　おーい、お姉ちゃん下りておいで。ぶどう買ってきたよ。好きだろう？　パパのお土産だ」

　そもそもこの人に線などなかった。お金の補充は私だ。父の返済を見たことはない。母が私の部屋のドアを開け放したまま、階段上から吠える。

「ぶどう？　そのお金は！　お姉ちゃんが自分の欲しいものを自分で買うためのお金なんだよ！　餌付けして手懐けたいのか！　無駄さ！　もうとっくにご飯もお菓子も食べて歯磨きして寝てる！」

　そうしているはずの姉が「ちょっとだけね」と母と壁の隙間を暖簾をくぐるように、ぶどうに釣られてスタコラと下りて行く。

「え？　こら！　お姉ちゃん！　待ちなさい！　どんどん太って、小っちゃい体でその腹どうやって支えるの！　着る服だってなくなるよ！　病気になってもいいのか！　いったい誰が面倒見るんだよー！　勝手にしろ――！」

疲れ切り、ヒビ割れた土壁みたいな顔がフラフラと寝室を彷徨《さまよ》い、ベッドに落ちていく。そしてそのまま母は悪夢にうなされる。

次の日の朝、居間に父が暴れた残骸と、テーブルには何かのチラシにちんまりと寄せたぶどうの皮と軸を残して、母の記憶は残らない。

回想につきまとわれているうちに、いつの間にか車窓が雄大な山々を従えていた。青い空に緑と夏の雲が競うように湧き上がっている。

「わ～」見たかったんだ。ぼーっとしたくて、全てがちっぽけなことだと思いたくて来たんだ。よろしくねと眩しさを讃《たた》え、大自然に会釈するように首《こうべ》を垂れ、寝落ちした。……ウソだろ私。まず車窓からの景色を堪能したかったんだろう？

睡魔に勝てなかった。

仕切り直して、目的地の長野県、上諏訪駅。息抜きのほう。

寝ぼけた体を蝉と駅舎に吊るされた何百ものガラスの風鈴が出迎えてくれる。思ったより暑いがうっとりと涼を感じる。

タクシーに乗った。こう言ってはなんだが、ムスッとした無愛想な顔に天むすのようなフォルムの運転手さんだ。私自身、黙っていたかったので丁度良い。

程なくして「どこから？　東京？　観光？　何が見たい？　なんにもないよ。あるのは諏訪湖だけ」と。あれ、喋るのか。しかも一問一答で自己完結してくる。

私はまだ何も答えていない。

「その諏訪湖が見たいです」と言ってみる。

「そうだろう。すぐ見たい？　遊覧船あるよ。今からだと確か十一時半があるよ。まだ間に合うよ。どうする？　行くか。よし、じゃあまず泊まるとこに荷物置いて、体軽くしてな、そっから乗船場に行ったらいい。のんびりできる。そうだろう？」勝手に計画を立ててくれる。無愛想ではなく、照れ屋なのか？　息継ぎのように入れてくる《そうだろう》は気になるが、とても親切だ。

「それがいいです！」と返す。

「そうだろう。そこちょっと行ったら、すぐ湖だから。あとはひたすらまっすぐだ。

平らだから。行けるだろう？　走って十分だ。水持ってな。いってらっしゃい」

予約してあったホテルで降ろしてくれた。……え、走る前提？

バタバタと荷物を預け、走った。別に言われた通りでなくとも良いのだが、なんとなく、その案に乗ってみたくなったのだ。ほんのジョギング程度の気持ちだったが、体は重く運動不足ですぐ息が上がる。《そうだろう》少し進むと左手に湖が見えてきた。「わぁ」大きくてキラキラして眩しい！　《そうだろう》遮るものが何もなく直射日光をもろかぶり。全身の毛穴から汗が吹き出す。《そうだろう》

……もう、そうだろうおじさんの声がリフレインして頭から離れない。

途中水分補給も交えながら、走り続けること十五分。全然着かない。おい、おやじ、どの速度で計算した十分なのですか。いや人任せにしたのは私だ。歩くか止めるか後ろ向きな気持ちで進む。目を凝らすと陽炎《かげろう》の先に停泊している船が見えてきた。人も並んでいる。あそこだ！　プラス十分。

ゼエゼエ言いながら、ギリギリ辿り着き乗船できた。間に合った。デッキに座り、ゆとりなく大自然を映した水鏡やらを惰性で味わった。ダラダラしたかったんだろう？　私。確かに汗がダラダラ止まらない。《そうだろう》

そこから、私におかしなやる気スイッチが入った。

スワンボートに乗ってみた。ふたり乗りのペダルをひとりで漕ぐ。キコキコと前にも進むが、ドンブラコと横に横に流されて行くほうが大きい。……え、先程と同じ湖でしょ。遊覧船では感じなかった。海のような顔して波がこれでもかと寄せてくる。少し風が強いのか。

後ろから、若い男性スタッフさんの声が聞こえてくる。

「そっちダメでーす！　その緑の一帯！　水草ですからぁ！　からまって進めなくなりますー！　戻ってくださーい！」

「知ってますよ〜」と呟く。スタート前にも注意事項で説明されていた。

ハンドルをグイっと左に切りガシガシとペダルを踏む。その場を小回りし円を描きはじめる。そしてそのまま奥へ奥へと流される。遊園地のコーヒーカップみたい。人力の。……助けて〜。

桟橋から「右、右右！　ちょい左！　まっすぐ、そのままそのまま！」。

スタッフさんのスイカ割りのような掛け声に助けられ、ハンドルを合わせ全力で生還を目指す。太ももがパンパンだ。頭から滝のような汗が流れ落ちる。「ええい」一旦休憩！　と、一瞬ペダルから足を外した。すかさずスタッフさんが「あきらめないでー！」

「はい！」……なぜバレた。

「できまーす！　ファイトです！」親子ほど年の離れていそうな、爽やかなお兄さんだ。

スワンで漂流する、おひとり様の中年をどう思っているのだろう。ボランティア介護の域だろうか？

さらに「自分を信じてー！」と。

そのキラキラに、少しうるせえと思いながら「はい！」と元気よく返事をした。部活か。姿勢を正し必死で軌道修正し、制限時間三十分きっかりで戻って来られた。

「おかえりなさーい」と笑っている。

「ただいまですー。すみませんー」

湖に飛び込んだくらい、全身ずぶ濡れだ。なんだか私は夏を満喫している。青春だとすら思えた。

自転車にも乗った。レンタサイクルでママチャリを借り、諏訪湖周辺や街並みを回り、延長に延長で三時間漕いだ。私ったら体力がバカ。もちろん休み休みではある。地元の方が行く先々でおすすめのかき氷屋さん、足湯、ところてんの美味しいお店を教えてくださった。順番に巡り、冷たい↓熱い↓ひんやりを満喫したら体感もバカになった。再び湖沿いのサイクリングロードに戻った頃には十六時をすぎていた。

見渡せば人っ子ひとりいない。風を切りながら、

「わー」と控えめに声を出してみた。もういっちょ。

「わ――！」

「いえ――い!!!」

「あああああ――!!!」

「クソったれぇえ――!!!」繰り返し繰り返し飽きるまで絶叫した。

スーッと、マウンテンバイクに乗った、ヘルメットにサングラス、鍛え上げられた体の男性が抜いていく。え？　……すれ違いざまに「すみませんー」と、萎縮したように頭を下げながら去っていく。こちらこそすみません。

……いつからいました？　きっと、ある程度後ろで待っていましたよね？　抜くに抜けなかったんですよね？　恥ずかしい。ヘラヘラと笑ったら、ポロポロと涙が零《こぼ》れ

落ちた。……あーあ。だと思ったよ私。どんなに大声を出しても、身体から出て行ってくれない、息の抜けないほうがまだひとつ残っていた。脳がまた、実家へと景色を戻していく。嫌だ。そっちへ引っ張らないで。回想は止まらない。

一昨日、仕事で帰宅が遅かった。

食材を溢れそうなくらい詰めたエコバッグを腕に食い込ませながら、今から明日の作り置きの支度を始めたら何時になるかなあなどと思い、ぐったりしながらドアに鍵を差し込む。

すでに鍵穴から父の怒号が漏れている。夫婦喧嘩に巻き込まれたくない私は、玄関の三和土《たたき》に充満する母への罵声を無視し、台所に直行し、卵や豆腐を冷蔵庫に入れようと袋から出す。作り置きは明日の朝やろう。もう寝よう。

……ちょっと妙だった。

居間と台所はペラペラのカーテンで仕切られているだけだ。母の声が聞こえない。どうした、劣勢か？　カーテンをめくる。父はこちらに背を向け、母が窓際へと追い詰められていた。ジジイが、泣いているババアの頭をまるでハンバーグのタネの空気を抜くように、左手から右手へ、右手から左手へと弄ぶように揺さぶっている。傷の残らない暴力。この人のやり方だ。起き上がりこぼしのような母は、バランスを崩しながらも懸命に猫パンチと猫キックで応戦している。そして僅かな声で「こんにゃろ、こんにゃろめ」と。目を瞑り、ひとつもどこにも当たっていない。

私の一線が切れた。

「てめえええ！　何しやがる！　クソがああ！　警察呼ぶぞ！」

ハッとした顔でジジイが振り返り、サッと手を引っ込める。

「は？　何を言ってるんだ。僕は何もしていない。警察？　呼んだらいい。ボケた婆さんと、なんでもかんでもオーバーに言うのが仕事のやつと、しがない爺さん。書きたいなら書いたらいい。さて警察も世間も誰を信じるかな。やってみろ！」

書く？　なんだ？　この連載のことか。やはり書かれることを意識して生活していたか。ならば書ける範囲のポンコツであれ！　っと勝手なことを思う。

母の肩を抱くように奪い返す。「大丈夫だよ。大丈夫だよ」と言っても、「こんにゃろ、こんにゃろ」と、私のみぞおちと膝を連打し続ける。痛くも痒くもないよ。そんなんじゃ誰も傷つかないよ。横揺れが収まらない体をギュッと包み背中をさする。

父が「はぁーあ。バカばっかりだ。おまえたちに構ってられるか」と悠々と、千鳥足ぎみで二階に上がってゆく。

そして「やーやー、お姉ちゃん起きてたのか。うん？　パパがいるからね。もう安心だね。お金？　ないの？　そんなことばっかり言ってると嫌われちゃうぞ。さ、寝なさいふぁ〜あ」。

歯ぎしりする思いだった。

すると母が、私の抱擁したままだった両腕をぐっと押さえた。真っすぐこちらを見つめている。強い黒目が戻っている。

「あんた！　手に何持ってるの⁉　そんなもんパクソにぶつけたって何にも解決しないよ。よしなさい！」

え？　なんのことだ？　自分の手元に視線を落とす。左手に木綿豆腐を一パック握りしめていた。……ずっと？　なんでだ？　ああ、冷蔵庫にしまう途中だった。どちらの手で母の背中をさすっていた？　持っていたことに気づいていなかった自分が怖かった。

上からイビキが聞こえてきた。もう？　日々、母がうなされる夜を過ごしているのに？　私は寝不足なのに？

とっくにブチ切れていた人としての線を怒りで燃やし、灰にした。

意思を持って豆腐パックのフィルムを剝がしながら、階段を駆け上がった。

「やめなさい！」と母の声が聞こえた気がした。

寝室の開けっ放しのドアの前に立ち、暗闇の奥に寝ている父めがけて、振りかぶって、肩関節がもげる勢いで腕をしならせ思いっ切り投げつけた。ビシャ！　っと掛け布団いっぱいに飛び散った。ビビッて、本能が顔面を外した。くそう。くそう。くそう。

「何しやがんだ！」カッと目を見開いた父が、返り血ならぬ、返り豆腐のかかった顔を手で拭い、床に振り落としながら起き上がってきた。

やってやる。力ずくで、引きずってでも家から追い出してやる。それから、警察を呼んで、それから「豆腐を掛け布団に投げつけました」って言ってやるんだ。それから、それから……バカ。冷静になれ。なれない。父の右手がくる。拳か？　平手か？　殴るか？　母にしたように頭を揺する気か？

母が目の前に飛び込んできた。

「豆腐の角に頭ぶつけて死んでしまえって思っても、本気でやるやつがあるか！　ものの例えに決まってるだろー！」

よくわからない。そんなこと思っていない。天然だと、大真面目だとわかっているけれど、母よ。寄り添ってくれているようで、先程からずっと私は煽られている。

それでもこの介入で父と私の間に一瞬の隙ができた。私はポケットに手を入れる。携帯を取り出す。警察に電話ではない。動画の録画ボタンを押した。

「やってやる！　ネットで全国に流してやる！　誰が正しいか。誰が本当の事を言っているか！　やれるもんならやってみろ！　泣き寝入りなんか絶対しねえ‼」

すると、父は怒りに歪んだ顔のまま一時停止のようにピタリと動かなくなった。録画がフリーズしたのかと思うほどだった。そしてくるりと向きをかえ、黙って、豆腐のかかった布団をめくり、寝た。幕切れだ。

結局。喚《わめ》く私の声と、豆腐を投げつけられたベッドにしがない爺さんが寝るという、あきらかに自分に不利な動画が撮れただけだった。

やがて父のイビキに、母と姉のイビキが重なった。

なぜ、重ねられるの？　家族だから？　どうして？　私は寝られない。ベッドに入っても、右手左手両方が豆腐のパックを持った形のまま、指の力が抜けない。これはポンコツではない。ねえポンコツの線から出ないでよ私。ねえ、私。

ポンコツってそういうことじゃないでしょう？

次の日の夕方。いつも通り父は飲みに出かけた。いつの間にか掛け布団から払い落とされた豆腐が水分を失い、床にこびりついていた。雑巾でこすり落としていたら、母はカバーを洗ってくれた。

そして「ママ、お姉ちゃんがいる間だけ生きていたいんだよ。お願いだから、パクソ無視して静かに過ごしてくれないかな。ママ、頭がおかしくなりそうだよ」と。

これがきつくて逃げてきた。

一泊二日で全部忘れてスッキリなどしない。でも、来て良かったとは思っている。あとは、温泉に入って、美味しい夕ご飯を食べて、花火も上がるらしい。星も見よう。

たくさん寝よう。そして帰るよ。

今回、この連載で初めて、私は一線を越えた。書籍化するにあたりもう一度考えた。改めて心に刻む。家族を晒すも、守るも私だ。私にとって書くことは、このふたつが同じ線上にある。

15

Ｓｉｒｉと雷と潔い不正

二〇二二年九月某日、朝七時すぎ。

出掛けに玄関で靴を履きながら、「ヘイシリ、今日の天気を教えて」と携帯の音声認識機能Ｓｉｒｉに話しかける。使ってみたいだけだ。そこそこ機械音痴の私はこれだけでイケている気がしてしまう。

《現在ハ曇リデスガ》と、女性の声が説明してくれる。台風が迫っているらしい。すぐ傍で「うへぇぇ」と間の抜けた声がする。母だ。びっくり顔にマヌケ面を足したような、口をぽっかりと開けたボラみたいな表情で、私の手元の携帯にグイっと迫り寄る。

「未来はこんなことになっているのかい」魚人よ、過去から来たのかい？　気持ちはわかる。

「……なんか聞いてみる？　私の声に反応するから、ママが言ったことをシリに伝えるよ」と言ったら、「え～いいよ～やだぁ」と一度拒否し、手のひらを胸元でヒラヒラと振ったかと思うと、「え～そう？」と少しモジモジとし、急に真顔で「オイ、バンゴハンハ、ドウスル？」と。そこだけハキハキと声を張り、抑揚を抑えＳｉｒｉよりもＳｉｒｉで聞いてきた。私が戸惑い、ボラみたいな顔になる。

ヘイじゃなくて、オイ。質問ではなく相談。晩ご飯は作り置きで冷蔵庫に入っているよと、私が答えを持っている。でも母はＳｉｒｉの答えを待っている。

急いで「ヘイシリ、晩ご飯はどうする？」と携帯を反応させる。

《ハイ、コチラガ見ツカリマシタ》と画面に幾つかのレシピを出してくれた。

母が「あん？　……するってぇと何かい？　提案だけして、料理はこっちでやれってこと？　作るのすみ？　えー？　なんにもいつもと変わらないし、楽にならないじゃない。これいる？　なんだあ、全然親身じゃないねえ」。

Ｓｉｒｉに何を求めているのだろう。

「うーん、相談じゃなくて、なんか知りたいことないの？　シリは情報をいっぱい持ってるよ」

「そう言われても」とちょっと母が考える。

そして「オイ、ボケナイデ、ゲンキデイルホウホウ、オシエテ」と。それ聞くの？　とちょっと私が考える。なんて返ってくるのだろう。母の急かすような顔面に押され、そのままのセリフをあててみる。「ヘイシリ、ボケないで元気でいる方法教えて」

《ソンナコト言ワナイデクダサイ》と優しい口調で返してきた。微妙な空気が流れる。

「……親身だよ」と私が言う。

「……そう？　情報は？　寄こしてくれないの？　……ママだけかな。オイさんだかヘイさんだかの言ってることが全く理解できないよ。ねえ、これ日本語だよね？」と母。ブッと私が先だったか、ふたりで笑う。

「大丈夫、私も全然わかってないよ。遅刻しちゃう、いってきます」とドアを開ける。

生暖かい湿気だらけの重量オーバーみたいな風が、重たそうに唸りを上げている。雨はまだだが、押し流されている分厚い黒雲が、台風上陸の雰囲気を醸し出している。

「ヘイすみ、傘！」と後ろから慌てた母が、折りたたみ傘を渡してくれる。

……ヘイＳｉｒｉにつられたの？　それとも母なりの冗談でわざと言った？　キョトンとした顔なのでよくわからない。

傘は常にバッグに一本入っている。元ＳＭの一発屋の私は、それがいまだにムチの柄に見える。二本入れたらヌンチャクみたいだなと、どうでもいいことを思いながら、母に「ありがとう」と告げる。


都内で仕事を終えたのは二十一時すぎだったか。

上陸は免れているが、断続的に軽い滝行のような雨。風と雷も暴れている。凄すぎてヌンチャクの出番はない。様子を見ながら、ダイヤの乱れた満員電車に乗ったら途中で止まり、やっとこさ地元の駅に戻ったら、タクシーが一台もない中、乗り場に行列ができている。最後尾につく。

携帯音が鳴った。母からのメール。題目が『ヘイすみ』内容が『今どこ？』。

……すっかりＳｉｒｉ扱い。でも、ふざけているわけではない。なぜなら今日一日、何度も同じやり取りをしては私を心配し、忘れてを繰り返している。冗談を言う余裕はないはずだ。電話してみる。ワンコール鳴ったかどうかで飛びつくように出た。

「すみ？　どこ？　無事？　あー良かった！　ホテルは？　空いてないの？　危ないからどっか泊まりなさい。え!?　帰ってくるの？　大丈夫かい？　こっち？　全然大丈夫。パパクソはとっくに酔っ払って、二階でイビキかいて寝てるし、お姉ちゃんは雷の音が怖くて眠れないからって、今、ママの横にいるよ。トランプしてるね。お姉ちゃん、もうすぐすみちゃん帰るってよ。こんな嵐の中ねー、大変だねー、そんなすみに？　ひとこと言いたいって」と、姉に代わる。

「あのね、ババぬきは、スリルまんてんです！」……おぅ。こちらの返事を待たずして、通話は切れた。……てっきり、気をつけて帰ってきてね、だと思った。……ババ抜き。ひとりで？　ふたりで？　どちらにせよ、ジョーカーの所在がわかるゲームにスリルがあるのか。

帰宅は二十四時を回った。静かにドアを開け、鍵を閉めたつもりだったが、居間からぼんやりした灯りと、ふたりの「すみちゃんだ！」が漏れてきた。洗面所で手洗いうがいを済ませていると、座椅子に座ったままの母が声だけ寄こす。

「おかえりー。遅かったね。ご飯？　お風呂？　その前にトランプつきあってくれるかい？」三択のようで一択。とりあえずユルユルの部屋着に着替え、長くなりそうだなと覚悟を決める。

改めて、目を爛々と輝かせた姉と、瞼に埋もれた目をショボショボさせた母を見ながらローテーブルを囲む。

いつも以上に老婆が「もう寝なさいって言ってもダメなのよ。明日、作業所休ませるよ。ママが疲れた〜。お姉ちゃん、すみちゃんが一回だけやってくれるから。これで最後にしようね」と。

姉がコクリと頷き、カードを伏せテーブルに並べていく。

そして「しんけいすいじゃく〜」と。「もうとっくに衰弱してま〜す」と母。「ハハハ」と私。眠そうなのに、話も聞けていて切り返しも早い。認知症の進行具合とは杓子定規に測れるものではないなあと、つくづく思ったりする。

まず姉がゆっくりと祈るように一枚、もう一枚とめくった。ハートの3とハートの4。母が「あー、惜しいねえ。マーク一緒で、数字は一個違い」と。

姉がコホンと咳払いをし、私たちの注目を集める。「では、たすうけつをとります。おなじでいいとおもうひと、てをあげてください」

姉と母が上げる。

スッと姉がカードを自分の懐に収める……潔い不正。

そんなことを度々繰り返すので、数字の合わないカードが残り、溢れているはずだが、なんだか姉のボロ勝ちで終わる。やれやれ結果オーライ、無事終了だ。

深夜一時すぎ。雷も暴れ疲れたようで、惰性の雨音がするだけだ。満足した姉が二階に上がり、またすぐに小箱を抱え戻って来た。……え？ テーブル下のカーペットに、再び何か並べ始める。かるただ。ゲッ、始まる。

姉が読む。私が取る。母が寝る。いつの間にか座椅子と同化しながら崩れ落ちるように眠っている。死んでないよね？ 小さなイビキを確認する。ごくろうさん。

「お姉ちゃん、ママ寝ちゃったから起こさないであげようね。かるた終わったらもう寝るよ。すみちゃん明日も仕事で朝早いんだ。これ最後だよ、約束ね」と言ったら、「オッケー、シーね」とヒソヒソ声で小指を出してくる。私の小指を催促し、自分のそれをしっかりと絡みつけてくる。小さくてか細い、少し乾燥した縦の皺が入った、子供のような年寄りのような、なんともいえない感触だ。

「すみちゃん、ママおこしちゃだめだよ。やくそく。ゆびきりげんまん、うそついたらハリせんぼんのーます。ゆびきった」……その約束ではないが、まあいいか。

姉がスーッと大きく息を吸った。そして「ぬかにくぎの《ね》ー！」と文字札を読んだ。至近距離の爆音。ええ⁉　ど深夜に胸に釘を刺されたくらい、ビビッて心臓が痛い。約束をすぐ反故にする女、恐るべし。

「ね、ね、ねー、すみちゃん、《ね》だよ」と、どこかな～と楽しそうだ。……とりあえず札に目を走らせるも、《ね》？　いや《ぬ》だろう？

「はい！」と蠅を叩く勢いで、横から腕が伸びてきた。母だ。ええ⁉

バンっと、《め》を取った。よく蘇ってすぐ動けるね。あんたたち突然すぎるよ。

物事に対する助走というものはないのか。《目》から心臓が出そうだ。

動揺する私をよそに、姉が冷静に「それは《め》だよ」。

母が「あれまあ、ん？　何を取れば良かったんだっけ？」とわちゃわちゃする。

姉が「しずかにしてください」あんたたちだよと言いたい。

そして《ぬ》と《ね》と《め》を真剣に何度も見比べ「きめました。ぜんぶ、なか

帯。

ている。

まです」と厳かに宣言する。母が《め》をスッと懐に収める。……いかさまの無法地

私の目がショボショボし始め、もうどうでもいいと思った頃、「すみちゃんの《す》ー！」と姉が一オクターブ高い声を張り上げた。え？　ふたりとも私が取るのを待っている。

姉がコソコソ声で「ママにはないしょね。わたしのあしのとこにあるよ」と。右足親指の先端に力を入れ、《す》の絵札をキープしてくれている。いつからそうしていた？

それを母がジッと見る。さらに顔を近づけて「あら、いやだ。お姉ちゃん、足の爪が伸びてる。イヤねえ。はぁ〜あ、こんなこと誰も気づいてくれないよ全く。ママ死んだら、あんた一生、爪切ってくれる人いないよ。はい、足こっち貸して」と。「いまはそれどころじゃないの」と慌て、嫌がる姉の足を自分のほうへ向けさせ、老眼鏡をかけ、爪切りを出し、下にティッシュを敷いてパチン、パチンとやり始めた。

小さな指には不釣り合いのやや厚みのある巻き爪。足先までも、姉は私より幼く早く老いていく。爪に気づけるということは、他も細々寄り添えるということだろう？

……私には難しい。母は、今もなお、私が気づけていない細々とした多くのことをこなしている。

足先の自由を奪われた体勢の姉が「すみちゃん、いまだー!」。

私は「はい!」と《す》のカードを取った。

「よっしゃあ!」と、ガッツポーズで足を踏み鳴らし、切った爪が散らばった。

母がキングオブババアみたいな老け面でこちらを恨めしそうに見る。私が笑い、ふたりも笑った。

二時。姉が「さいごに、すみちゃんのへいちゃんに、きいてみたいことがあるの」と。最後が何回あるんだい? 何を言っているのだ。

母が「携帯ね。お姉ちゃんもやってみたいんだよね」と補足する。

ああ、Ｓｉｒｉか。時折、私が手元で時間を確認する度に、チラチラ目が合うなと思っていた。なるほど。「いいよ~」とテーブルに置く。

姉がすくっと立ち上がる。目を瞑り、両手を胸に当てた。……実家に戻り何度か見ている、この流れ、この独特のスイッチの入れ方。

「こころをこめて、おどります。『へイ』」

出た。Ｓｉｒｉをだしに無音の創作ダンスが始まった。雨音ひとつしなくなった中で、雨乞いの祈禱に見える。……一心不乱。静かに夜と母と私がふ（老）けていく。

気持ち程度の就寝で、五時起床。今日一日分の作り置きの支度から始める。さすがに眠い。

六時半、仕事に向かうため玄関で靴を履いていると、一段、また一段とゆっくり階段を下りてくる音がする。

上に向かって「ママ、いいよ、いいよ。寝てて」と声をかける。

下りきらず途中で、白髪頭とちんまりとした目だけ、ひょっこり覗かせる。

「ヘイすみ、どこ行くの？　昨日はどうもです」

「……ねえ、ヘイってさ、もしかしてずっとわざと言ってる？」

「ふへへへ。だってえ、ヘイつけると、すみが瞬きいっぱいして、なんていうか誤動起こしたみたいな顔するから、おかしくて」といたずらっぽく笑った。……え……ずっと確信犯。そんな冗談言うんだね。

私自身が気づかないような細々とした表情を、まだ見てくれているんだね。

「いってきます」

むわっとした湿気だらけの空気だが空はしっかりと青い。私の心も晴れだ。

16

お風呂記念日Ⅱ

二〇二二年十月某日、真夜中。
自室のベッドで目を瞑っているも、ドアの向こう側から声がして寝るに寝られない。下の居間から怒鳴り合う母と父の声。これは通常音。気になるのはもう少し上、もう少し近くで繰り返し口ずさむ姉の歌声。

しゃぼんだまとんだ　やねだけとんだ
こわれてすぐに　こわれてとんだ
かぜかぜふくよ　しゃぼんだまとばそ

童謡『シャボン玉』だが、屋根の崩壊が気になる動揺ソング。
軽いため息をつきながらドアを開けると、階段の一番上に丸まった背中がちょこんと座っている。優しく声だけを階下へ送り届けている。

姉なりに喧嘩を緩和させたいのだろうか？　歌のチョイスはどうにかならなかったのかい。いや、なんであれ届かないよという言葉を飲み込んだら、他にかける言葉が見つからず、黙って横に座った。

ふたりでミッチミチの階段幅。姉が「あれぇ？　すみちゃん。えー、まいったなあ」と小さなビックリ目をこちらに向けながら、ゆっくりと腰を浮かす。前後にズレて隙間をつくってくれるのかと思いきや、身長の割に大きな尻をグイグイっと横づけしてきた……え……。そしてコテンと頭を私の胸に預けた。……え……何それ。トクンと体のどこかの血管が跳ねた。私は人生で一度も男性にこんなふうに甘えたことがない。なんてナチュラルにこなすのだ。いやそういうことではない。……あれ、今はどう思えば良かったんだっけ？

そんな気持ちの脱線に輪をかけるように、姉は私の心臓部分に顔をうずめ、「しゃぼんだまとんだ　やねだけとんだ」と再び歌い出す。お届け先が変わった。軽い拷問。聴きに来たのではない。終わらせに来たのだよ。

「明日シャボン玉する？」なんとなくそんな言葉が口をついて出た。

姉ははたと顔を起こし、私を見上げゴクンと生唾を飲み込んだ。

「なんでわかったの？　それはわたしが、いままでいちばんやりたかったこと」

ウソをつけ。小悪魔か。いやウソのつもりはないのだろうが……。

「そうか。良かった。じゃあ今日はもう遅いから寝よう。明日ね。はい、よっこいせ」

姉と手を繫ぎ、止まない夫婦喧嘩を膝から振り払うように一緒に立ち上がった。そして「おやすみ」とベッドに入るのを見届けた。姉の頭の圧と、吐息の温度と、お風呂に入っていない頭皮の臭いが胸に残った。

翌朝六時。私より遅く寝たはずの母が、もう起きている。何やら玄関の姿見をジッと覗き込んだままだ。「おはよ」と声をかける。

すると真顔で「ねえ、この鏡の中のブサイクな人は誰かね？」と。……え？　……朝から怖いって。傍に寄り母の背中越しに確認する。

「どう見てもママだよ」

「えー？　こんな白髪だらけの？　汚い？　どっから見てもクソババアじゃない。全くいやんなっちゃうねえ。こんな老いぼれでママあと何年生きられるかねえ。あと五年、無理かねえ。生きられなくても、お姉ちゃんのために息はしていたいねえ」

一緒だろう。「何が違うの？」

「バカ。生きるはさ、どっかしら動いてて意思がある感じがするだろう？　息するはさ、小指一本さえ動かせなくても、頭がなーんもわかんなくなっても吸って吐いてをする感じ。息さえしていれば安心だろう？」

不安しかない。誰が？　安心？「ママが？」

「バカ。お姉ちゃんがだよ。ママが死んだってわかったら、お姉ちゃんぶっ壊れるだろ。バカなりに情緒がおかしくなるんだよ。すみもパパクソも手に負えないさ。でも息を聞かせてやるだけでも、お姉ちゃんはお姉ちゃんでいられるだろ。ママ、八十歳まではなんとかがんばりたい」

すぎている。

「今八十一だよ」

「えー!?　ウソー!?」と何度も鏡を見直し「どうりで！　だからよ！　鏡のママ、クソババアだと思ったのよ！　納得！」

どういう結論なのだ。ウチはバカばっかりだなあ。ふたりで笑う。

八時すぎ。一日分の食事、掃除洗濯、ある程度の家事は済ませた。

さてここからだ。せっかく穏やかなのに、そろそろ揉めなければならない。いや揉めずに済ませたい。私は母にサラリとした口調でこう言った。

「今日十時にお風呂掃除の業者さんが来るよ。男性ふたりで作業だって。二、三時間くらいで終わるって。排水口も換気扇も浴槽もピッカピカになるよ。私、いるから大丈夫だよ」

「え？　聞いてないよ。今から？　突然すぎるよ。さてはママに反対されるのが嫌でギリギリに言ったね！　これじゃ騙し討ちじゃないか！　大丈夫なもんか！　だいたいどこにそんなお金がある？　いつ家が差し押さえられるかもしれない状況なのに？　そんなときに風呂!?　あんた頭おかしいんか！」

差し押さえの事実はない。突然でもない。前もって何度か伝えている。その度にその人が来ることを嫌がり、理由をつけては中止しようとする。私はこの手の解決の仕方がわからない。

とにかく用件は伝えた。あとはのらりくらりだ。

「お金は私が出すから問題ないよ」

「問題大ありさ！　何十万もかかるんだよ！　無職のあんたに払えるわけないだろ！

二十万か三十万か四十万！　うちは破産だよ！」

「三万」

「ヒェ、三万も⁉　とうとう口を割ったな！　ずっと金額言わないから、フン、引っかかりおって。言わせるくらいの力はママにだってあるんだ！　見くびるんじゃないよ！」

なぜ、時々ちゃんとする。これじゃ騙し討ちじゃないかと先程のセリフをそっくり返したい。

そして「ママの年金を使う気だな！　あれはウチを守るためのお金さ！　返してよ！　あんたが好き放題、全部使いやがって！　こっちは貧乏強いられて！　ママとお姉ちゃんは髪も体も汚い、洗えないまんま！　それなのに風呂は洗ってもらうのか！」と。

あっという間に怒りと妄想が、ちゃんとした母を飲み込んでしまう。そんな不自由させていない。そしていつでも風呂に入れ。

「とりあえず十万！　返せ！　十万今すぐ！　十万、十万、早く！　十万！」と詰め寄り連呼し始める。どこから十万という額になるのだ。ダメだ。いったん避難だ。二階の自室に上がろうとすると、聞こえてきた。……いやちょっと前から繰り返し聞こえてはいた。

しゃぼんだまとんだ　なじぇなじぇ（なぜなぜ）とんだ
うまれてすぐに　こわれてとんだ
なじぇなじぇふくの　しゃぼんだまとばそ

階段上を覗く。中段に立ち片手を腰にあて、もう片手を壁につき重心を斜めにポーズを決めた姉が自信満々で言う。

「おまたせ」

そんな上を睨みつけたくなくて下を向く。

母が「十万！　十万！」。

クソっと上を向く。

姉が「なじぇなじぇ」。

挟まれた。……なじぇなじぇこうなるんだ。いつもこの手の解決策がわからない。

結局、キレた。あーあ。やっぱり私はバカだ。

「うるせえええ!!! 毎日毎日おまえらのせいでぶっ壊れそうだから風呂に入るんだよ! 唯一のリラックスの場を自分の金で綺麗にして何が悪い? どんなに掃除しても取れないカビと臭いがあるんだよ! それ取ってどこが悪い? どけ!!」

階段の隙間を駆け上がり、ドアを閉め、鍵はないので入って来られないように内側からベッドを引きずり入り口をせき止めた。

成長も進歩もない。お決まりの失敗にうんざりだ。

それでも断固中止にしなかった。

十時。業者さんが来た。お兄さんと少しおじさんのおふたり。テキパキと開け放した玄関から風呂場へ作業道具を運び入れスタート。私はその場を付かず離れずでウロウロ。姉は作業所、父は二階で寝たまま、母は一階の居間の雨戸を閉め切り電気を消し、座椅子に埋まりながらぶつくさ独り言を唱え、時折「くそったれ」を繰り返している。

……無視した。一時間くらい経ったであろうか。

少しおじさんが「浴槽って二重になっているんですよ。手前を外して高圧洗浄しますけど、そこがどれくらい汚れてるか見ます？」と。築二十年以上で初の試みだ。

「ぜひ見たいです」と後ろで声がした。……え？　出た、母だ。ママですが何か？の面持ちで立っている。

「うん。一緒に見よう」と言ったら、ピッタリ横に並んできた。業者さんに「お願いします」と声を重ねた。

そもそも四角い浴槽だと思っていた外側、エプロンと呼ばれるフタのようなものをお兄さんがいとも簡単にパカっと外した。真っ黒なドロドロニュルニュルで覆われたものが露《あらわ》になった。巨大なＱＲコードみたいだ。私たちはあんぐりと口を開け顔を見合わせた。

母が「ウアアアアア〜。ママ初めて見たよー。こんなとこが外れるってことも知らなかった。泥船みたい。こんなに汚いんですねえ。すみませんねえ、ウチの汚れはウチの責任ですから、あとはウチでなんとかします」と神妙な対応をみせる。

おい、後半どの口が言う？　私だけ開いた口が塞がらない。

プロにお任せしアフターも見せてもらった。

再び母が「ウヘエエエ〜。あの泥船が？　こんなに綺麗に⁉　本当にありがとうございます。お風呂が生き返りました！　ママ、人生で今が一番びっくりしてる！　戦後最大の事件よ！　ホントよ！　ドキドキが止まらないもの！」。

気持ちはわかるが、もっとなんやかんやあったでしょう。

もともと剝げている箇所や、タイルに染み込みどうにも取れない黒カビやらは残ったが十分だ。なにより排水口の変な臭いが消えた。

業者さんに感謝。作業道具を積み、去って行く車を母は手を合わせ拝むように頭を下げ見送った。弔《とむら》いのようだ。

十三時すぎ。だいぶ遅めの仕事に都内へ出かけ、綺麗になった風呂に浸かることを楽しみに働き、二十時すぎ。母からメールが来た。

タイトル『事件です』……まだ何か？　いや、このタイトルで事件だったためしがない。中身を開く。『今、お姉ちゃんと風呂に入って浸かりました。二回も入りました』

え⁉　大事件だ。すぐ電話した。

母の「はいはい」とのん気な声に、

「え⁉　シャワーだけじゃなくて？　浸かったの？　ふたりで？」とかぶせた。

「そうなのよ。あの狭いとこにフフフ。体育座りでね、入ったら出られないくらいギュウギュウでフフフ。満タンのお湯がジャバ～って溢れちゃってね、もったいない。お姉ちゃんなんか頭にタオル乗せてね、百まで数えてね、鈴虫の声が聞こえたね。生まれ変わった風呂は全然違うよ。あまりに気持ち良かったからね、休憩してもっかい入ったね、これなら毎日入るもんね」

姉が横で頷いているのが目に浮かぶ。想像しながら聞いていたら、なんだろう、私の目から満タンのお湯がポタポタとこぼれてしまった。湯気に包まれながらのふたりをナマで見たかったな。幸せな景色を見逃してしまったな。

二十三時頃だったか。帰宅したら、風呂のお湯は三分の一くらい残っていて（残してくれていてか）、水道がチョロチョロと出っ放し、排水口に毛がたまり、換気扇を回した形跡はなく、脱衣所の床がビショビショだ。見逃せない景色が散らばっている。……ま、そうなるか。疲れているからかな。若干ぶっとばしたい。水道代怖さに入れ替えず足し湯と追い炊きをし、納得のいかない湯船に身体を溶かした。

数日後の日曜日、お昼すぎ。私たちは三人で庭の真ん中にごっちゃりと偏って咲いたキバナコスモスを眺めている。縁側に座る母がストローを吹き、デロ〜ンとした大きな楕円のシャボン玉を放った。老婆の魂が抜け出たように見える。思っていた景色と違う。私はプラスチック銃タイプで小粒の玉を量産する。昭和にこんなのなかったなあ。

肝心の姉は秋風にひとつもなびかないコスモスをバックに、フワリフワリと浮かぶ泡に自ら突っ込んで行き、両手を広げアイドルのように歌う。……何かと、やたらに歌う。私はこの手の解決策を知らない。どうか〆に聴いてやって欲しい。

しゃぼんだまとんだ　やねだけとんだ
うまれてすぐに　こわれてとんだ
かぜかぜふくよ　しゃぼんだまとばそ

歌詞は少しずつ違うけれど、姉の歌は壊れてもいつも飛ぶなあ。ポジティブで、私は好きだ。

（尚、毎日入ると言った母と姉が浴槽に浸かったのはこれ一回。約三万円で湯船一回は割に合わない。あのときの涙を返せと思いながら現在に至る）

17 深爪の理由

母が、左右の手の指の甲を合わせ、顎元辺りでカシャカシャと擦り合わせている。蠅みたいな仕草だ。私と目が合うと「やっちゃった〜。ツー、イタイ〜深爪〜。メガネかけても老眼だから、もう手先なんて見えないんだよ」と。

「え〜?」と見ると十本全部、肉ギリギリだ。「そりゃあイッタイ〜でしょう。でも普通一本切りすぎたら、二本目は気をつけるでしょ。なんで?」と言ったら、

「十本全部切りすぎてから、あ、やっちゃったって気づくんで頭がおかしいんでしょうが全く。普通ができないから困ってるんだろうが」急にまとも。

私が「でもお姉ちゃんの爪は程よく切れるじゃん」。

母が「そこよね、ママのすごいところは。……そこって?　どこ?」迅速なブーメラン迷子。

「見えないなら老眼鏡の度数を変えたらどう?」と提案し、テーブルに転がっている

それを手に取ると、レンズが指紋だらけで、皮脂汚れに小さな埃が付着し白く曇り、磨りガラス並みに不透明。ゲゲっ。いつの間にこんなに汚れて。……雑な私だよ、日常使いのそんな細かいところまで気づけないよ。使い捨てのメガネ拭きシート数枚を使い、ゴシゴシ汚れを擦り取りながら「これじゃない？　ママのすごいところ。全く見えないメガネかけて、よくお姉ちゃんの爪切れるね。自分のも深爪で済んでるのがびっくりだよ」と、綺麗にしたものを母に渡し、掛けてみるよう促す。

するると「あれ⁉　お〜見える〜、見えるよ〜！　何だぁ〜。あー良かった！　まだママ大丈夫だねぇ〜フフフ」と。

そうだよ。全然大丈夫。

ホッとした顔の母が、少しだけしおらしい表情を混ぜ「でも現段階では痛くてさ、洗い物も沁みるし、申し訳ないけど今日だけ家事全般よろしくです」

おぅ。通常だからいいけど。母よ……たまに、普通に、老いだか認知症だかを利用してサボるよね……いいけど。

18
送り付け詐欺

とある日。温かい湯船と、小窓から入り込むひんやりとした夜風に身を委ねる。昨日までリィーンリンと奏でていた野外音楽隊。今夜はチンチロリンだ。ああ、天然はいいなあと目を瞑る。

逆サイドから「――――ィヒィ――ィヒィィ――」と、異様な音が参戦してくる。豚が首を絞められたような。少し途切れる。

そして再び「……タスケ……テ…ィヒィィーィヒィィー……すみ～」と、母だ。そうでしょうよと思う。こちらも、いやこちらは大真面目の天然だ。いったいどこの器官から発しているのだ。

「どうしたー?」と声を張るも、返しはない。緊急か？　まだ浸かっていたい身体を湯から引き剝がし、戸を開けてみる。

すると母が、脱衣所の壁際にしんどそうに座り込み涙を浮かべ、引き笑いをしている。……え？　苦しいの？　楽しいの？　どこを助けて良いのかわからない。

小刻みに《声にならない爆笑↓息ができない↓虫の息↓復活》を繰り返している。何かのゲームの勇者だろうか。急を要してはいないようだ。

「もぅ～何？　そんなに可笑しいことがあったの？」と横目で見つつ、タオルで濡れた体を拭き部屋着を着る。

母は胸をおさえ、違う違うとばかりに首を横に振り、

「フフフィヒィィ～チ……コンって何？　……チ……コン、チコンチコンよ」と。絶対に違うのだが連呼されると下ネタに聞こえる。ウチは決して上品な家庭ではないが、私も母もそういった話題では笑わない。何にせよ、くだらないことは確定だ。

汗ばむ手で、私の服を引っ張りながら「ねえ、お願いだからウフフフ、後生だからママの話に耳を貸して頂戴……チ……コ……ン」と言葉を詰まらせ、ダイイングメッセージ張りに囁くものだから、とうとうまんまとつられる。「フフフ……ウフフ……フハハハハハ‼」ああ、バカふたり。

以下、話が進まないのでお互いのフフフ類を省略。

母が「あんたが冷蔵庫に入れてくれてる作り置きのタッパーに貼ってるシール、そ

こに書いてあるチコンって何？　チコンが三タッパーもある。ママ散々考えてわからなかったから、開けてみたら野菜と何かおっきい肉焼いたのが入ってて。……なんと、傑作！　この汚い字、チコンじゃなくて！　チキンよ！　もう～ママとしたことが……このままだと笑い死にしちゃう。助けて～」

幸せな死に方だ。どえらい駄作に、こんなに無邪気に笑う人だったんだなあ。日付と、料理名というほどのものではないが、何が入っているかをマジックで書いたラベルシールのことだ。

「あ～、ごめん、それ急いで書いたやつ。字が雑で読みにくかったか」と返す。

騒がしさが耳の遠い父にも届いたようだ。わざわざ見に来て「酔っ払ってるのか？」と聞いたほどだ。女ふたり、余裕で無視した。

とある日。居間で母が座椅子に根を張りテレビを見ている。

「ねえ、すみに似ている人が出てる、ほら」と画面を指す。全然似ていない。度々ある。その都度、違う人で年齢も髪型も容姿もバラバラだ。何を基準に同じとしているのだろう？

「どこが？」と聞く。

「だいぶ昔にちょこっとテレビに出て、落ちぶれて、今おこぼれで仕事もらっている人だろう？　一緒だよね」

心底傷つく。おい。なんだその視聴者代表みたいな悪びれない顔。

「そんなこと言うもんじゃないよ」と返すと、

「もちろん外では言わないよ。その人にはその人の事情や生き方があるんだから。でもママ外野だから。家で言うのは自由だろう？　テレビの見方ってそういうもんだろう？」

内野だろう。複雑だ。

「よく親って、子供の一番のファンって言わない？」と口を尖らせてみせると、

「もちろん不安さ」と即答した。

……え？　ん？　決してダジャレを言うタイプではない。天然がゆえの聞き間違いだろう？　老婆のちっこい真っ直ぐな目が愛おしい。

とある日。夜、仕事から帰宅すると、父の怒号だ。

「おまえさえいなかったら、僕はこんな人生送らずに済んだんだ！　おまえさえいなかったら家庭は明るかった！　おまえさえいなかったら」

またやっている。……母にちょっとでも手を出してみろ。警察に突き出してやると携帯を握りしめ、黙って二階に上がり……この一連の出来事に背を向けた。

ひとしきり終わり、父が寝室に入りイビキをかき始める。母はまだ下だ。様子を見に行く。

座椅子の中途半端な高さの背もたれに、窮屈そうに首を折り曲げ寝ていた。

床には父がぶちまけたであろう、つまみのピーナッツやらピスタチオやらが裂かれた袋と共に散っている。西洋の節分か。片せ、クソっと無性に腹が立つ。それらを回収しながら老婆を見やる。胸元に干からびたご飯粒、腹と足元にナッツ類。食べこぼしに気づけない人に投げつけたのか？　不意に母の目がバチっと開いた。

「ああ⁉　腹が立って全く眠れない！　あいつが！　パクソが！　家庭が暗いのはママのせいだってさ！」と。寝ていたよ。

「私の部屋に来る？　ベッドひとつだから、どっちかが床ね」と半分本気、半分冗談で言ってみる。

「いいいいいいいいい」と。『いい』の拒絶が連なり線で聞こえる。

そして「なんであんたの部屋で寝なけりゃいけない？　もうそろそろパクソが酔っ払って帰ってくるよ。出くわす前にもう二階に避難しときなさい」。

……忘れたか。……いいよ、しんどいことは忘れちゃえ……いいよ、いいいいいいいやだ。いつからか、いつということなくなのか、忘れるスパンがどんどん短くなっていない？　加速するの、待ってよ。肯定の『いい』？　否定の『いい』？　曖昧な線が私の頭の中で鳴り止まない。

とある日。私は都内で仕事をしていた。母からメールが来る。

『宅配来たけど。お金払って良かったんだよね。五千五百円』

ん？　私は全て事前決済だし、知人や仕事関係からの荷物も着払いはないよう気をつけている。配達日や時間も指定する。この日、そんな予定はない。変だな。

『誰からってなってる？　そのまま開けずに玄関に置いておいて。箱と宛名写メ送れる？　詐欺かもしれない』

『え！　そうなの？　これでどう？　何かわかる？』と母が同じような写メを六、七枚送ってくれる。全てにぼやけた人差し指が八割九割入り込んでいる。詐欺というワードで慌てさせてしまったということだけはわかる。

さらに母から『警察か?』『それともおまわりさんか?』『あ、交番か!』『一一〇番よ! する?』と細切れに来る。全部一緒だけど、言い替え能力は凄いななどと思いながら『大丈夫だから、落ち着いて。私が帰るまでそのままね』を繰り返す。

『了解! ママとしたことが! 落ち着きます!』という文字と、新たに、今度は指が写り込んでいない、詰め替え用へアトリートメントが二つ、段ボールに入っている写メを送ってくれた。……中を開けたね。

まだ来る。『冷静になりました。普通はシャンプーとリンスで一セット。これはリンスが二。ハリとコシ用。ママとお姉ちゃんは使わない。パクソ、ハゲ。すみいる?』

……とにかく身に覚えがない代物だ。

それからどうしたかといえば、警察へと先走ろうとする母を制止しながら、私はその日と次の日を使い、宅配業者、カスタマーサービスセンター、念のため消費者ホットラインにも連絡した。

結果、ネットの送り付け詐欺だった。

母に以下のことを一応伝えた。

荷物は送り返し、代金は私が登録しているネットのショッピングサイトから後日全額返金してもらえるということ。――「良かった！」と母が胸をなでおろす。

その宛名からはもう来ないようにしてもらえたが、もちろん偽会社、偽住所なので根本的解決にはならないということ。――「バカ！　そんなことより、まず全額お金が戻ってくるかでしょう？」と振り出しに戻る。

高齢者や家族の多い家が狙われやすい。私達にできることは、家族でよく話し合って、身に覚えがない荷物は受け取り拒否をする、これに限るらしいということ。――「は？　家族で話し合う？　パクソは全てのピンポンに居留守使う人だよ！　全てはママ任せ、お姉ちゃんは無理、あんたはそんなんだし、そういうの机上の空論って言うんだよ！　こっちは生きて生活してんだよ。誰だ？　そんなこと言ってるやつは！　連れて来い！」

机上の空論が出るのに、あんたはそんなんだしとは、どんなんだい？　言っていることは概ね同感だ。

そして私は「万が一受け取って開けても大丈夫。こっちで処分しても大丈夫なんだって。支払う必要はないよ。とにかくママはお金を払わない。ＯＫ？」と念を押した。

「わかってるさ！　ママが甘かっただけ。もう容赦しないよ」不安だ。

私たちの会話が途切れると、居間のテーブルで茶をすすり、ピーナッツを咀嚼《そしゃく》する音が聞こえた。ふたりでそちらを見る。父だ。どこから聞いていたのか、聞こえていたのかわからないが、「すみ、ママがミスしても勘弁してやってな。もうおかしいんだ」と頭上で人差し指をクルクルと回し、パーの手をした。母の横顔が能面だ。父に悪気はない。むしろこれでも労《いたわ》っている。わかっている。でも私は許せない。

……そのくせ立ち向かわない。

とある日、私は痛恨のミスをした。この日、自分宛の荷物が届くことを忘れ、仕事に出てしまった。母からの電話で気づく。

「あ、すみ！　今、宅配だっていう若い男が来てるんだけど。そんな予定ないよね？

ママ、騙されてるよね」音声が少し遠のく。でも聞こえる。「娘がそう言ってます。受け取りません！　……え？　お金要らない？　そんな虫のいい話あるもんか。騙されないよ。ここは近所中、みんな見てるからね。年寄りだってなめるんじゃないよ。それにウチはギリギリ食べていけるかぐらいしかお金ないですから。落ちぶれた娘ががんばってやっと稼いだお金をビタ一文だって渡さないよ。警察呼ぶよ！」……男性の「はい」「ですから」「では持ち帰らせていただいても」といったような声もする。ひと騒ぎ起きている。

私は「ママー、代わってー、その人に代わってー！」をひたすら繰り返し、ようやく電話口から男性に迷惑をかけたことを詫び収束した。

帰宅すると、玄関の三和土《たたき》に受け取った荷物と、その横にちょこんと母が座り込み、首を垂れわかりやすく凹んでいた。いつからどれだけの時間そこに座っていたんだい？

「ごめんねママ。ごめん。宅配来るってすっかり忘れてたよ」と声をかける。

母が頭をゆっくり上げた。あどけない呆けたような顔でこう言った。

「ママ、なんだったらできるかね。ママ、なんだったら覚えていられるかね」

すぐに返事ができなかった。

その一瞬を埋めるように、幼い顔の老婆がフフフと笑い出し見開かれた白目の脇がぶわりと膨張し、黒目が溺れ、雫が皺と皺の隙間に入り込み、吸い込まれ、消えた。

……今、泣いたよね？

私は慌てた。「何〜ママらしくない。大事なことはみんな覚えてるじゃん。できてるじゃん。そもそもこんなクソみたいなことは覚える必要ない！　身の危険を感じたら、大声出して、ご近所さん、警察、私、なんでも必ず助けを呼ぶんだよ。ママ合ってるよ。全然問題なし！」正解とは思っていない。でも世の中いい人ばかりではない。

「そうかい？　そんならいいか？　やれやれママとしたことがフフフ。それはそうとクソみたいなことって？　どんなこと？」

いい。……いいいいいいいいよ！　しんどいことは全部忘れちゃえ！　楽しいことは全部私が覚えておく。だから大丈夫。幸せな、とある日を増やそう。泣かないで。

19

お葬式と誕生日

二〇二二年十一月某日。

「最初は肌が全身黄色でさ、腐ったきび団子みたいだったんだよ。ママ、またちゃんと産んであげられなかったと思ったさ。でもお姉ちゃんのときはちっちゃい体のあちこちに管が繋がってて、うんともすんとも泣かなかったから。あんたは最初からギャアギャア。もう元気なら色なんてどうでもいいと思ったよ」

居間の座椅子に座る母が、唐突に昔話を始める。……腐ったきび団子は……私か。

朝六時。台所で朝ご飯を作り始めたところだ。キャベツと玉ねぎを刻みながら、仕切りカーテン越しに、止まらない母の声をラジオのように聞き流す。

「あれは何歳だったかねえ。保育園か？　小学校上がってたか？　将来はケーキ屋さんかお花屋さんになるって言ってたねえ。何だっていいけど看護師だけはダメって教えたんだよね。あんたみたいなおっちょこちょい、人命に関わる仕事に就いたら大失敗、大事件になる。あんたのミスで人死んでごらん？　その人の一生、その家族の一生をどうするつもりだい？　もう口酸っぱくして言い聞かせたもんさ。覚えてないだろう？」

覚えている。一言もなりたいと言っていない職業に就くなという度々の説得に、幼いながらハテナは浮かんでいた。何事も極端で心配性は昔からだったなと思いながら、切った野菜を卵と一緒に炒める。

ふとカーテンが開く。母が台所に出てきた。おもむろにシンク上の戸棚から袋麺二つを取り出し、お願いねとばかりにコンロの横に置く。ラーメンがいいの？　朝から？　と聞こうとすると、「そう、ママは玉の輿に乗るのがいいと思ってた」と。そう？　母よ、何にあいづちを打ったんだい？

玉の輿。懐かしい。大人の真似をして、あまり意味もわからず口にしているときがあったな。私はまだ低学年だったか。いつか綺麗なドレスを着たお嬢様になって、結婚して幸せになるという想像を膨らませ、二階のベランダから民に手を振る練習をしていたことを思い出す。横で若き母が錆びた物干し竿に洗濯物を干していたっけな。

未だ独身で、相手がどうとか、介護云々関係なく、恋をしたいとも思っていない枯れ方だ。ただ、お嬢様にはなれなかったけど女王様にはなったよ、とは言わない。黙々と炒めたものを一旦バットに移し、空いた深めのフライパンで湯を沸かす。ポコポコと浮き立つ泡を見つめながら母が、「そういえば小説家とか冒険家とか格闘家とか、あんたなんでかとにかく家がつくもんに憧れているときがあったよ」と。家系？　ラーメンだけに～？　とは言わない……先程から脳が勝手にふざける。麺を茹で菜箸でほぐしながら、あれはもう中学生になっていたなと思い出す。〇〇家という響きが、自由で我が道を行く感じがして好きだった。……あ……ポンコツ一家。いや、職業でもない。十代の私が知ったら泣くぞ。

丼にラーメン＋野菜卵炒めをのせる。居間に移動し、ふたりで一緒に「いただきます」母が麺をすすり、ため息をつく。

「ママはいつまであんたの朝ご飯とお喋りに付き合えばいい？　玉の輿じゃなくていいから、誰かいい人いないかね。いい加減親離れしてくれないと、朝から年老いた親子でラーメンはわびしいよ。あ！　お姉ちゃん起こさないと！　また作業所遅刻しちゃう！　もうあんたたち、ママはいつまでママでいたらいい？」

勝手だ。……珍しく、母の知る、私の子供時代の話だった。

四、五日がすぎた。木枯らしが枯れ葉を巻き上げる中、マフラーに顔を埋め、駅近くの小さなお店が並ぶブロックを母と私は徘徊していた。姉の壊れた安物の腕時計を直す修理屋さんを探しているのだ。できれば母主導で見つけてほしい。少し誘導してみるも上手くいかない。意地悪している気になる私をよそに、「おかしいねえ、この辺のはずなんだけど。もう街並みが昔と様変わりしてるから、わからなくなっちゃう。昔は田んぼと山でさ。B29空襲警報発令！　ってアナウンスで、一斉に近くの防空壕に逃げたんだよ。ママ、子供ながらに覚えてる」。

またえらく時間を巻き戻したものだ。場所が違う。

戦争話とは別に、突然、私の顔と上半身がカーっと熱くなる。額や首筋から汗が流れる。最近たまにある。これがホットフラッシュなのだろうか？　軽めとはいえ勘弁してくれよと思いながら、軽めにフラッシュバックしているババアに、「ママの田舎、岡山県でしょ」と言ってみる。

「そうそう。でね、戦後、ママのお母さんが女性も手に職をつけたほうがいいって。で、ママ看護学校に入ったんだよ。昔はナースキャップをもらう戴帽式っていうのがあってね。その晴れ姿を見ようと、ママのお母さん、当日、家で支度しているときに倒れたらしい。学校に電話電報が来てね。交換手さんが『ハハノウイッケツスグカエレ』って。こういう人たちって抑揚ないだろう？　ママ『ハハノ、イイツケ、スグカエレ』って聞こえたんだよ。言い付けって？　なんで式に来ないんだろう？　変だなとは思ったけど、生きる、死ぬだとは思ってないから呑気な気持ちで戻ったよね」

おい、生粋のおっちょこちょい。

「戻ったら、なんと、脳溢血。まだ生きてたけど、聞いたこともないような大イビキかいてて、それっきりだったねえ。最後に言いたいこともあっただろうにねえ。……ママ、幽霊とか何にも信じない人だけど、葬式終わって疲れてたんかねえ。街灯もない田舎の小さな踏切の向こうに、死んだはずのお母さんが立ってたんだよ。戴帽式に着て行くはずだった着物着てさあ。こっちを見てるんだよ。ゾッとしたよ。そんなバカなと思って近づいてみたんだ。あれは間違いなく……見つけた――‼」

デェエエエ‼

喜ぶ母の目の先に古びた時計屋さんがあった。

急に現実に戻らないでぇぇ。

怖いよぉぉ――。心臓止まるかと思ったよぉぉ――。ちびるよぉぉ。

無事辿り着いた。もはや何の汗かもわからない。

数日がすぎる。母の知り合いが亡くなった。生前、そこまでのご縁ではなかったそうだが「人生、結婚は何回でもできるけど、死ぬのは一回だから」と、一度も嫁に行っていない私を尻目に、葬式に出る準備をしている。

何十年と新調していないであろうツーピースの喪服。スカートのファスナーが閉まらず、一番上のボタンとその穴にゴム紐を通し結べるようになっている。長めのブラウスは横着してボタンを数個だけ外し、上から被る。頭がしっかり出ずにジタバタしている。『千と千尋の神隠し』のカオナシに見える。ようやくジャケットを羽織るに辿り着き、袖を通したら前ボタンが閉まらない。それでも全て着てしまえばそこまで変ではない。

何かを成し遂げたような顔の母が「悪いけど一緒に行ってくれない？」。

そのつもりだ。距離もある。斎場までひとりで行って帰るは無理だろう。……自ら「一緒に」と言うようになったのだなあ。つい一年ほど前、何かと付き添いを突っぱねていた頃が少しだけ懐かしい。

イブニング葬のため十八時からだ。陽が落ちる前には出たい。

母が父に留守番を頼む。「お姉ちゃんひとりは残せないから。飲みに行くな。一生で一回くらい役に立て」という物言いで、喧嘩になる。

私が玄関でため息をついていると、姉が、

「るすばんは　まかせといて～。……あのね、すみちゃんだけにいうけど　ひみつまもれる？　すみちゃんは　きょう　たんじょうびなの。ひとりぼっちの　かわいそうなひとなの。でもへいき。おめでとうのうた　あとでうたうから。バレるとだいなしになっちゃうの。ぜったいひみつね」

聞いてしまったよ。

確かに今日は私の誕生日だ。もともとひとりが平気な人に『ぼっち』という槍を刺す、ＴＨＥピュア人。

「オッケー。ありがとう」と返す。

もう時間だ。夫婦喧嘩にしびれを切らし、母に「行くよ～！」と声を張ったら、プリプリした形相でこちらに突っ込んで来て「大の大人が！　ママいなくても葬式くらい行けるだろ！　あんたひとりで行ってこい！」と。理不尽だ。ウチから葬式が出るくらい暴れ倒すぞと、心が不謹慎。

なんとか出発。道中、タクシーに乗った。暖房にまどろんでいると、母が「あんた知らないだろうから教えるけど、香典渡すときは『この度はご愁傷様です』。それだけでもいいけど『心よりお悔やみ申し上げます』まで添えたらベリーグッド。あとはくれぐれも私語、長話は厳禁よ」と人生のベテランが止まらない。くれぐれも以下は、おまえがなと、不安になる。

案内看板が見えてきた。少し手前で降り歩く。シャッターを閉めたお店が数軒あるせいか、どことなく寂しい通り。ポツリポツリと喪服姿の方が見受けられる。街灯に照らされた影そのものが歩いているようだ。

斎場に到着。受付に数人。こういうときは皆同じ顔に見える。薄化粧で特徴と個性をきちんと消した女性が「お忙しい中、ご参列くださりありがとうございます」と。

母が先に立ちお辞儀をし、黙っている。こちらを見る。……何？　え？　あ、私が言うのを待っているのか？　急いで「この度はご愁傷様です。……心より」と発しかけたところで、

「シッ。短く。すみません。いい歳した娘が、娘って歳じゃないんですけど。すぐ余計なこと喋るので、場をわきまえず失礼致しました」……罠にはまった気分だ。

記帳、香典等を済まし移動、焼香へ。列の後ろに母、私の順で並ぶ。少しずつ前へ進みながら祭壇、遺影へと目を移す。最近なのか、もっとずっと前に撮ったものだろうか。母より若め、溌剌としたエネルギッシュな風を感じる笑顔。いい写真だなあ。ジッと見ていたら、急にドキドキする。顔が発火するのかというくらい熱くなり、のぼせたようになる。また例のあれか。クソっ……収まれと祈る。

母の番だ。故人に手を合わせ祈り始める。パツンパツンの背中を丸め、袖がきついのか肘が下りず突っ張っている。後ろから見ると三国志の挨拶みたいだ。老武将の偲ぶ時間がやや長い。貫禄たっぷりで終え、脇へズレご遺族の方々に黙礼。

私の番。もはや立っているだけで汗びっしょりだ。斜め横からヒソヒソ声がする。老武将だ。

「……今更慌てるな。落ち着いて。はい、その粒々をちょっとつまんでオデコ……ちょっとつまんでオデコ、三回やらなくていい。あとがつかえるから。……手合わせて。あんたにとって誰だかわからない人でも神妙な顔して。どうぞ安らかに。一礼。

右向け右、親族の方にも一礼」

うるせぇええ。マジで黙れ！　何歳だと思ってるんだ、こちとら更年期障害かもとビビッている立派な中年だぞ！　……とバクバクとした動悸が噴火音に聞こえる。ああ。なんでもいい。帰りたい。あとはどうしただろう。無心で流れるように順路に沿って事なきを得た、ように思う。

タクシー乗り場までの帰り道。北風に癒やされ、解放された気分で歩く。すでに発汗は収まっている。何となく「手を合わせてるの長かったね」と言ったら、

「昔団地に住んでたときの仲間ね。あんたが産まれたときも喜んでくれてねぇ。『黄色？　それがどうした。いらないいならウチの子にしちゃうよ』って大笑いする人。それからあんたが、まだまだお姉ちゃんダウン症って理解できない頃ね。ママどうしてもお姉ちゃんにかかりっきりで。そしたらあんた、そのおばさんちに家出してね。何回もよ。そのまま人んちのこたつに潜り込んでさぁ。『いいから、いいから』って泣いて寝ちゃったあんたを抱っこして戻してくれた人。可愛がってくれたんだよ」

今言う⁉　「誰だかわからない人って言わなかった？」

「だってあんた、顔も覚えてないだろう？」

覚えてい……ない。いや、だって、いやいやいやいや……ほとほと自分に撃沈だ。来た道を振り返り、手を合わせた。

ごめんなさい。小さい私、若き母、きっと姉も、救っていただきありがとうございました。ご冥福をお祈り申し上げます。

そんな私に母が「やれやれ。お姉ちゃんもあんたも、こんなに大きくなりましたって今度一回、会いに行かないとね」え？

「……亡くなった人に？」

「あん？　生きてるさ。毎年お中元に梨贈ってる人だよ。あんた何言ってるのさ」

……怖いよぉぉ。もうやだよぉぉ。あれ、誰ぇぇぇ。本当に親子共々ごめんなさい。


帰宅すると、玄関で姉が待ちかまえていた。

直したばかりの腕時計を見ながら「ぴったし。すみちゃんのじかんになりました～。ハッピバースデーツーユー、ハッピバースデーツーユー、ハッピバースデーディア？？」と私を見て、黙る……え？

母が食卓塩をつまみ、自分と私に振りかけながら、小声で「ほれ、あんたの名前」

「……すみこちゃーん」と私が名乗る。なんだこのシステム。

姉がニッコリ「ハッピバースデーツーユー、おめでとう」

母が「やれやれ、葬式も誕生日も一緒くただ。あんたの日忘れたら可哀想かと思って、ここんとこ、ずっとプレッシャーだったよ。あ～疲れた。めでたい歳でもないけど、おめでとさん。じゃ、もういいかな」。

姉が「いじょう　にしおかすみこちゃんでした」。

私を玄関に残したまま、各々解散し部屋に入って行く。勝手だ。お開きが早い。ひとり佇み、ため息まじりのありがとうを吐き出した。

四十八歳が始まる。お清めの食卓塩のせいだろうか。なかなか、しょっぱいぞ。

おまけの番外編　「トットちゃんの髪の毛」

二〇二三年某日。

黒柳徹子さん著『窓ぎわのトットちゃん』がアニメ映画化されるというニュースを見た。そういえば若き母の愛読書でもあった。ちょっと聞いてみた。

「何が良かったの？」と。

「忘れた」速攻で返ってきた。

……本当に忘れた？　またぁ、思い出して喋るのが面倒なだけじゃなくて？　最近、母はますます忘れるという言葉を都合よく使いこなすようになったので、こちらの判断が難しい。

私は覚えている。幼き日に、ふと見上げた母が、なんだか嬉しそうで弾むような顔をしていたことを。「ママ、間違ってないと思ってた」や、「これでいくよ！」と大事そうに本を抱えていたことを。……その弁当箱サイズの本を子供の私だって読めるんだと、母の近くに座りアピールしていたこと。パラパラめくると出てくる挿絵がふんわり優しかったこと。漢字とたくさんの小さな字に挫折し、何度も再チャレンジしながら読んだら、後半知らない戦争の気配を感じて怖くなり本を閉じたこと。母の「これでいくよ!」が、どれかわからなかったこと……。

ちなみに私は大人になるまでに、なってからも、ごく最近も、この本を読んでいる。

母の子育ては『窓ぎわのトットちゃん』の影響を多分に受けている。きっと私たち姉妹を重ね、参考にしたように思う。ただ何か……違う。読む度に勝手にひとりでざわついている。おまけの番外編は、この胸のざわつきを、記憶もおぼろげな回想と共にお届けしたい。

例えば、私が小学校の低学年の頃。

遠足や運動会のお弁当には必ず、海のものと山のものが入っていた。これは本に出てくる、トットちゃんの学校の校長先生のアイデアで、子供たちの栄養が偏らないように、好き嫌いをしないように、食事の時間が楽しめるようにという配慮だ。

母がおかずを詰めながら、私と姉に聞く。「どれが海？　山？」

私は「ウインナーと卵焼きは山のもの。海苔は海のもの」と得意げに答える。

姉が「ブッブー、せいかいは～、これぜーんぶ、おねえちゃんと、すみちゃんのものだよ」。

母が「ピンポン！　ピンポーン！」と。

……解せないという言葉は知らなかったが、幼心に何か変だ。ズルい。真面目って損だとは思った。でもお弁当は美味しかった。この一箱、ぜーんぶ私のものって、嬉しかった。

本の中では、大人たちが、本来その子たちが持っている個性を大事にした。だから団体行動からはみ出しがちだったトットちゃんも、障害を持つ子供たちも、コンプレックスを感じることなく、のびのびと育った。……ウチもそうだった。でも、どこか違う。ざわつくのだ。

母はどうでもよさそうなものを大事にした。

例えば、できてもできなくてもいいように思える逆上がり。姉がクルンと回れそうな、あともうちょいのところまできていた。三人でよく行く公園があり、母がお手本をみせる。子供用の高さの鉄棒と、母自身の上半身の長さを考えていない。逆手でグッと握り、足を勢いよく蹴り上げ、後頭部と背中を地べたにドコンッと打ちつけた。聞いたことのない鈍い音と共に大の字で倒れた。……その瞬間だけ時が止まったかのような、音と色のない記憶として残っている。すぐカラー映像に戻る。そしてガバッと起き上がった母が「だから！　気をつけなさいって言ったでしょうが！」と。いつ？　誰が？　誰に？　……と小さな私が思えただろうか。いや、ただただ目の前のことが処理できず、姉と一緒に立ち尽くしていた。

母がどれくらいのケガだったか、無傷か、さっぱり記憶にない。でも後々、姉は逆上がりができるようになった。私がどうだったかは忘れてしまったが、この一件に怖じ気づき暫くやらなかった。今は思う。母の個性が強い。

迷う母もいた。姉は左利きだった。

「これも個性かねえ。絶対に大事なことだけは右にしておかないと、この先の生活が不便だよねえ」ペンとハサミと箸は右になった。

私は右利きだった。左利きが格好良く見え、左で字を書く練習をしたり、左で箸を持ちおかずをボロボロこぼし「どうでもいいことをしなさんな！」と怒られた。

何を「こせい」と言うんだろう。「どこら辺がこせい？」「こせいってなに？」と心で思う。私は個性迷子だった。

姉の絵は個性たっぷりだった。校庭の桜を描くと、幹がなく宙に浮いた花火のようで。どうでもいい近所のドブ川は、姉の手にかかると赤やオレンジ、黄、緑、青等で虹が流れているようで。その横でザリガニを釣る母姉私の三人も七色だった。私も個性的に見えた。幸せが溢れていた。凄いなあ。こんな風に見えるのか。私はドブ川を描こうと思ったこともなかったと、気づかぬうちに、どこかすねる気持ちもあった。

あ、個性で、ひとつ思い出した。

母がトットちゃんを引き合いに出したことがある。これも聞いて欲しい。

髪型の話なのだが。母はやや中年太りで、時々パーマが強めで大仏様のようだった。そんな大仏様が、私たちの髪を切ってくれていた。

晴れて風が少ない日に決行される。母が庭の軒下に新聞紙を敷き、その上に簡易的な丸椅子を置き、諸々ありものの道具を揃え「断髪式始めるよ〜！」。

まず、二日酔いの父が、酒の残った生気のない顔で座る。当時から薄毛だった。横は細い毛が顎くらいまであり、上はないので落ち武者みたいだった。襟足や余計だと判断された毛がチョキチョキと切られ、こざっぱりした河童に仕上がる。それを父は手鏡を持ち必死で横の毛を上に持っていき、小さな櫛でバーコード頭にセットする。誰にも正解がわからない。

続いて、姉。普段どう活発に動いても髪が目に入らないようにと、眉スレスレの前髪に、横はスーッと後ろに流したような、おかっぱ頭になる。似合っていた。何より満面の笑みで、私にダブルピースを向けてくるので正解に見えた。

私の番。河童とおかっぱの二択なら「お姉ちゃんと同じがいい」とリクエストする。なぜか大概私はキノコのような頭になる。今でいうマッシュルームカットか。そんなオシャレなものではないが、それはそれで子供らしくて可愛かったと思う。でも当時は嫌だった。ポニーテールや、リカちゃん人形をマネしたような長い髪や、リボンをつけた女の子に憧れていた。「私だけ違う～。お姉ちゃんとも違う～。クラスのみんなと同じがいいよ～」とごねた。

「みんなって誰？　なんであんたは人と一緒になりたがる？　テレビのトットちゃん見てごらん？　あの玉ねぎ頭は、あの人にしかできないよ。素晴らしいことなんだよ。キノコの何がダメ？　ママ、これが一番すみに似合うと思うのに」

「玉ねぎもぉ〜キノコもぉ〜野菜はいやだぁぁ〜ぁぁ。お人形さんがいいよぉぉお
お」と泣きじゃくり困らせた。姉と私、それぞれがベストな髪型にしてくれていたと思う。

でも母よ。あの玉ねぎ頭は素晴らしいって……まだ難しかったよ。

私はいつだったか、足が速いほうだということに気づいた。

マラソン大会を一番でゴールし、汗もすっかり冷えた頃。姉が全校生徒のビリで、引率の先生と校庭に姿を見せる。生徒、先生、親御さん皆が拍手を送ってくださる中、ヒーローのように目を輝かせながら、白いゴールテープをバンザイで切る。

ヒーローがキョロキョロし出す。私を探している。姉の見える位置に顔を出す。

「すみちゃーん！　こっちこっち！」と手招きしながら、こちらに寄ってくる。ペラペラの台紙に金の折り紙を貼ったメダルを見せ、「これぇ！　おねえちゃんがとったの！　すみちゃんにあげる〜」私の首にはそもそも自分で獲ったものが収まっている。その上に、かけてくれる。少し重みを感じるメダルに、ヒラヒラと風に舞うメダルが寄り添う。

母が私たちを見つける。自分がマラソンをしてきたかのようにハァハァと息を切らしながら、「もぉ〜、まいったぁー。あんたが最初で、みんなが良かったねえ、すみちゃん速かったねえって言ってくれるもんだから、すみませんありがとうございますって。そしたら今度はお姉ちゃんが最後でがんばったねえ、偉いねえって言われて、すみませんありがとうございますって。ママ大忙しでクッタクタだよ」と、私たちを引き寄せた。

「これ私の個性だよね。ママ嬉しい？」と聞いた。

母の顔が少し曇る。

「……それはあんたが好きなことなの？　すみが生きていくためだよ。個性はあんたを幸せにするからね。ゆっくり見つけなさい」

やっと見つけたと思ったのに……母の言わんとしていることが、よくわからなかった。私にとって、姉と母が、うっとうしい、恥ずかしい、好きだよがごちゃ混ぜの時期でもあった。

私の中学から高校時代。

姉は養護学校に通い、野球クラブに入っていた。家で、新しいユニフォームに身を包み、左利き用のグローブをはめ、真っ白なボールを左手で投げるまねをしては「ストライク！　バッターアウトー！」とガッツポーズをしてみせた。

大会の日は意気揚々と出かけ、意気消沈で戻ってきた。

母が、メソメソしている姉を見やりながら、

「いっつも補欠なんだよね。たまに出ても球が速くて打てないのね。でもベンチでのお姉ちゃんの応援は元気出るってみんな喜んでるよ。すみちゃんにも見せてあげて」

もの凄い恨めしそうな不貞腐れた顔の姉が、しぶしぶ踊り出す。盆踊りのようなオリジナルダンスにひとつもリズムの合わない、檄《げき》を飛ばす。「フレー―、フレー―、ヘイ！　そ〜れそれ、ハイ！」器用だなと見ていると、私にそっと手を差し伸べる。

……ゲッ、巻き込まれる。しぶしぶ立ち上がり、ふたりで手を取る。「右足、ハイ左足、前にトントントン、ソレ！」と姉の音頭がフォークダンスに変わる。

「これ何？　今なんの時間？」と私がぼやく。

母が「フフフ、フフフ」と笑う。姉の機嫌もなおっている。不思議だな。確かに姉

の応援は元気をくれる。家を明るくした。

私が十九か二十歳《はたち》になった頃。

母が私に「ウチのことを気にするんじゃないよ。好きなことを見つけなさい。見つけて嫌いになったらまた見つけなさい。あんた流されやすいから、いろいろわからなくなったら、好きが元気をくれるから。元気が一番だよ。体に気をつけるんだよ」と。まだ、都会に住むともなんとも決めていない段階で、早々に贈る言葉をもらった。ちなみにそこから数年は実家に居た。

そして東京でひとり暮らしを始め、女芸人になり、三十すぎて、一発屋のＳＭの女王様キャラとなってテレビに出た私を、母は見つけて我が目を疑ったそうだ。

「誰が、どう育てたらこうなるんだ！」

……個性のかたまりでしょう。へへへ。

回想はここまでだ。少し皆さんもざわついただろうか。

目の前の年老いた母に言ってみる。

「私、『トットちゃん』読んだことあるよ。心に残る一冊だね」

「へぇ〜。どこが？」

「……忘れた」と説明をサボる。

この本を読む度に、母が子育てに奮闘した背中が見える。私と姉にたくさんの愛情を注いでくれながら、泣き笑う母がいる。

本よ。若き母の背中を押してくれて、支えてくれて、ありがとう。

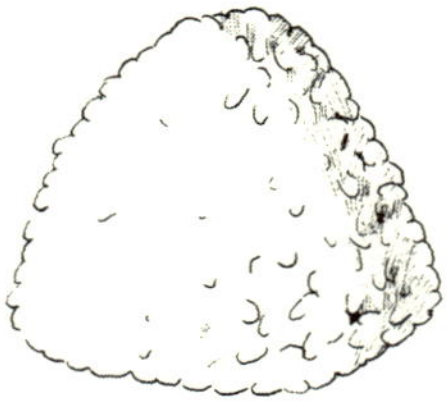

あとがき

母が「ママはしんどいとき、あんたに話すけど、あんたがしんどいとき話せる人いるんか？」と聞く。

「マネージャーさん」と私が返すと、「それはビジネスだろうが」と即答する。

「あと大切な友達」と伝えると、母が「いないだろう。ママ見たことないもん。妄想も大概にしなさい」と。もう躊躇せずに、最後のセリフはおまえがなと言いたい。

植田茂樹さん、石坂千津さん、どちらも実在する。どれ程お世話になっていることか、きりがない。


「ちょっといい？」と私たち親子の会話に姉が首を突っ込んでくる。

「あのねえ、だいじょうぶ。すみちゃんにはおねえちゃんしかいないの」と我が家の天使がいるよ。他にも友人知人、諸先輩方、ウチの家族を支えてくださる方々。凄くざっくりとした言い方だが、その全ておひとりおひとりに私は心のしんどいを救っていただいている。

確実に私の背中から素手で仕留めにくる。

母こそいるの？　本当に辛いとき、私にだって打ち明けてはいないでしょう？　と思う。本来誰にも迷惑をかけたくはない人。きっと私の書いた本を読んだら傷ついてしまう。こんなにも自分は情けないのかと。……どうかな。それこそ私の妄想だろうか。でもそれが怖くて二冊目が出ることを伝えない。

一冊目が出るときに、私を担当して下さっているＦＲａＵ　ｗｅｂ編集長の新町真弓さんが「にしおかさんがお母様に見せなくても、もしいつか読まれたとき、読むときがなかったとしても、堂々と胸を張れる本にしましょう」と言ってくださったことが忘れられない。

そしてデザイナーの鈴木久美さん、イラストレーターの西淑さん。センスゼロの私からしたら、特に表紙のマトリョーシカの発想など全く予想だにしていなかった。そして今回のこけしも！　こんなにもウチの家族を可愛く、媚びるでもなく世に放ってくださるのかと涙が出る。さらに校閲の方々、営業の方々等々、超プロ集団のお力って本当に凄い。

そう言えばいつだったか、母がこんなことを言っていた。

「仕事に絶対私情を挟むんじゃないよ。みんないろんなことを抱えながら外ではスイッチを切り替えてるんだから。それがプロだろう？」

……私情しかない本を作り上げてしまった。全編、家族の愚痴だ。

でも絶対に読んでくださった方々がたくさん笑って、大満足していただけると自信に満ちている。だって私は、『ポンコツ』のプロ中のプロだから。

今も続いております月一回のｗｅｂ連載、一冊目、そして今回の新刊。ついてきてくださっている皆様に私は逆に元気をいただいております。書く場があり、読んでくださる方々がいらっしゃることにどれだけ救われているか。感謝しきれません。この本で、ほんの少しでもご恩返しができたらと願うばかりです。

最後までお読みいただき本当にありがとうございました。

二〇二四年七月

にしおかすみこ

にしおかすみこ
1974年生まれ。千葉県出身。

2007年日本テレビ「エンタの神様」で女王様キャラのSMネタでブレイク。

春風亭小朝師匠の指導のもと、落語に挑戦。高座名は「春風こえむ」。

著書には自叙伝エッセイ『化けの皮』、本書のシリーズ1冊目にあたる『ポンコツ一家』がある。

現在ではテレビ東京「なないろ日和!」など、リポーターとしても活躍中。

趣味のマラソンでは、2019年にフルマラソンで3時間05分03秒、2015年能登半島すずウルトラマラソン102㎞女子の部にて第2位。

最近はベジタブルカービングにハマり、クオリティの高さで話題になる。

「FRaU web」にて「ポンコツ一家」連載中(毎月20日更新)。

本書は、「ＦＲａＵ　ｗｅｂ」２０２２年10月〜２０２３年12月公開の連載記事（毎月20日公開）及び２０２３年３月28日公開の記事を加筆修正の上、書き下ろし４本の原稿を加えたものです。

JASRAC出　2405747-401

ポンコツ一家《いっか》2年目《ねんめ》

2024年9月20日　第1刷発行
2025年4月10日　第6刷発行

著　者　にしおかすみこ
発行者　清田則子
発行所　株式会社講談社
〒112-8001　東京都文京区音羽2-12-21
TEL　（編集）03-5395-3452
（販売）03-5395-5817
（業務）03-5395-3615
印刷所　株式会社新藤慶昌堂
製本所　大口製本印刷株式会社

定価はカバーに表示してあります。
落丁本、乱丁本は購入書店名を明記のうえ、小社業務宛にお送りください。送料小社負担にてお取り替えいたします。なお、この本についてのお問い合わせは、上記編集宛にお願いいたします。

222p　19cm

ISBN978-4-06-536797-1

KODANSHA